014

프로이트의 편지

대우휴먼사이언스 014

프로이트
의
편지

새로운 삶을 위한
동일시 이야기

김서영 지음

아카넷

동일시,
인간관계의 근본원리

프로이트의 편지

내게는 두 명의 멘토가 있다. 두 사람 모두 정신분석가다. 그들은 지그문트 프로이트와 사비나 슈필라인이다. 프로이트를 만나기 전, 나는 대한민국 교육이 양성해낸 소위 착한 아이였다. 늘 남과 비교하고, 늘 눈치를 보고, 늘 숫자로 나를 평가하며 다른 사람의 기대에 부응하는 삶을 살기 위해 노력하고 있었다. 한마디로 나는 행복하지 않았다. 온전한 나 자신이 아니었기 때문이다. 내가 삶을 살기 시작한 것은 프로이트를 읽으면서부터다. 프로이트는 착한 아이가 되면 안 된다고 말했다. 그는 마음속에서

울리는 부모의 목소리를 초자아라고 불렀는데, 그 목소리에 휘둘리면 나 자신을 잃게 된다고 조언했다. 진정한 교육이란 초자아의 횡포에 아이가 압도되는 일이 없도록 돕는 것이라고도 설명했다.

정신분석을 전공하게 되면서 프로이트의 이론을 먼저 만났고, 8,000쪽 분량의 전집을 통해 나는 정신분석의 이론 체계를 학습했다. 그런데 이상한 일이 일어났다. 프로이트가 논문을 쓰고 남는 시간에 썼던 편지들을 읽으며 살아 있는 프로이트를 만나게된 것이다. 10대의 프로이트는 내게 공부하는 법을 가르쳐주었다. 그 어린 녀석이 온전한 나 자신이 된다는 것이 무엇인지 내게 말하고 있었다. 20대의 프로이트는 사랑에 대해 들려주었다. 진정한 사랑이 무엇인지, 내 삶 속에 한 사람을 온전히 받아들인다는 것이 무엇인지 알려주었다. 30대의 프로이트는 전문가가 된다는 것이 무엇인지 보여주었고, 70대의 프로이트는 진정한 어른이 되는 법에 대해 이야기해주었다. 내 안에는 그렇게 소년에서 노인까지 여러 명의 프로이트가 들어 있다. 그리고 내가 겁을 낼 때마다 그들은 내 안에서 입을 모아 큰 소리로 이야기한다. "괜찮아. 겁내지 마. 아무 일도 생기지 않아. 네 마음대로 해." 물론 그것은 프로이트 자신이 살았던 삶의 방식이다.

10대의 슈필라인은 칼 구스타프 융의 환자였다. 훗날 그녀는 분석가가 되었고 프로이트, 융과 함께 정신분석 이론을 진일보시키는 중심인물로 성장한다. 그녀는 신화를 사랑했고, 신화의 가르침대로 모든 죽음과 절멸은 언제나 생성과 새로움으로 이어진다는 것을 믿었다. 모든 것이 사라져도 그 암흑 속에서 언제나 삶이 다시 시작된다는 것이다. 게르만 신화에서 이 지점은, 신들의 죽음과 한 세상의 소멸을 의미하는 라그나뢰크에 해당된다. 신화에서는 신들조차 모두 사라진 절멸의 상태가 언제나 그 이후의 새로운 삶과 생성으로 연결된다. 나치의 박해가 시작되고, 흉흉한 소문이 들릴 때도 그녀는 흔들리지 않았다. 인간을 믿었고 삶을 믿었기 때문이다. 비록 그녀는 나치 친위대에 의해 총살당했으며, 그녀가 남긴 논문들은 영어로 번역되지 않았고, 정신분석의 역사에서 슈필라인은 자취를 감추었으나 그녀는 내 안에서 내가 아는 어떤 사람들보다 더욱 생기 있는 모습으로 살아 있다. 프로이트와 융을 이어낸 그녀의 작업이 나를 통해 다시 실현되고 있다. 어떻게 프로이트와 융을 함께 공부하느냐며 아무도 나를 지지하지 않지만, 나는 늘 든든하다. 그녀가 내 안에 있기 때문이다. 이것은 멘토를 가질 때 일어나는 이상한 일들 중 하나다.

프로이트는 한 사람이 다른 사람과 교감하는 과정을 '감정적 유대'라고 불렀다. 감정적 유대란 남의 일이 내 일이 되고, 다른 사람의 삶이 내 삶과 겹쳐지는 신비한 경험을 뜻한다. 물론 그는 크게 두 가지 종류의 감정적 유대에 대해 이야기한다. 하나는 위의 사례처럼 내가 가진 가장 좋은 것들을 발굴하고 그것을 발휘할 수 있게 만드는 감정적 유대다. 이때 내가 받아들이는 타인의 모습은 내 안의 동력이 된다. 다른 경우는 우리의 눈을 가리고 사고를 마비시키는 유대일 것이다. 내가 다른 사람에게 압도당하는 경우, 나는 온전한 나 자신이 될 수 없다. 내가 하는 모든 행동과 말과 사고는 내 안에서 나를 조종하는 그 사람의 행동과 말과 사고를 전달하게 될 뿐이다.

프로이트의 이론은 아픈 사람이 낫는 이야기를 전하고 있지만 그의 편지들은 한 사람이 성숙해가는 과정에 대한 이야기를 들려준다. 그것은 자신의 한계를 극복하고 진정한 어른이 되는 과정에 대한 서사이기도 하다. 프로이트는 그의 편지들을 통해 어른이 된다는 것이 무엇인지, 어떻게 하면 성숙한 사람이 될 수 있는지, 우리 아이들을 어떻게 키워야 하는지에 대해 알려준다. 우리는 그의 편지에서 어린 프로이트가 어떻게 시대의 어른으로 성장해가는지 지켜볼 수 있다. 유대인 정체성을 부정하던 프로이트는 히틀러의 허황된 논리 앞에서 자신의 정체성을 온전히 받아들이는 모습을 보여준다. 부정하던 부분을 끌어안는 동시에 그는 모든 기존의 규칙들을 해체하여 유대교의 정체성 자체를 깨뜨려버리는 마술을 부리기도 한다. 모세가 이집트인이라고 주장하는 것이다. 그는 이렇게 유대교를 해체하며 동시에 유대인 정체성을 받아들인다. 이 같은 행위는 성숙한 어른만이 할 수 있는 일이다. 그것은 프로이트가 자기 자신으로 복귀하는 여정이었다. 온전한 나 자신이 되어 어떤 것도 겁내지 않는 어른, 그것이 여전히 치열하게 70대를 살아내고 여든이 된 프로이트의 모습이다.

프로이트의 편지는 우리에게, 사방이 막히고 출구가 없는 세상 속에서도 다시 새로운 삶을 시작할 수 있다고 말한다. 내 마음대로 할 수 있는 일이 하나도 없을 것 같은 상황에서도 우리는 다른 삶을 시작할 수 있다. 나 자신으로 살고 있지 않다면, 내 안에서 나를 움직이는 다른 사람의 목소리로 말하고 있다면, 삶이 기쁘지 않다면, 뭐가 어떻게 돼도 상관없다는 생각이 든다면, 당신은 지금 정신분석의 도움이 필요한 상태다. 프로이트가 던지는 질문은 늘 같다. "너 괜찮아? 행복해?" 만약 그렇지 않다면 잠시 멈추어 그의 이야기를 들어볼 필요가 있다. 온전한 나 자신이 되는 길의 출발점은 내가 좋아하는 것을 내게 해주고 내가 싫어하는 것을 반복하지 않도록 나를 돕는 것이다. 내가 좋아하는 것인데도 하지 않고, 내가 너무나 싫어하는 것임에도 오래도록 하고 있다면 내 몸과 마음이 망가질 수밖에 없다. 내가 좋아하는 일을 반복해서 하지 않으니 잘하는 일도 생기지 않는다. 싫어하는 것을 늘 참고 하니 병이 난다. 처음에는 '알 수 없는 병'이었으나 그 것이 지속되면 몸의 병으로 발전한다. 이것은 준비된 불행이다.

그렇다면 어떻게 이 파국적 반복에서 벗어날 수 있을까? 프로 이트의 이야기는 감정적 유대에서 시작된다. 그는 정신분석 이 론에서 감정적 유대를 '동일시'라고 부른다. 한 사람이 다른 사람 과 감정적 유대를 맺는다는 것은 그 사람 또는 그 사람의 일부와 동일시하여 내 안에 그 모습을 담는다는 뜻이다. 무엇을 담는가 에 따라 우리 삶의 외연이 결정된다.

삶이 다시 시작되는 시간

우리의 삶은 동일시로 시작하여 동일시에 의해 확장된다. 우 리가 어머니의 인생을 떠올리며 마음 아파하는 이유는 내 안에 어머니의 과거가 들어 있기 때문이다. 내가 어머니의 기억과 동 일시한 것이다. 나 자신이 그 사람이 되는 것, 내가 그 사람의 일 부가 되는 것, 내가 그 경험의 일부가 되는 것, 모두 동일시에 속 한다. 감정적 유대를 형성하게 되는 모든 사물과 사람은 동일시 의 과정에 있는 셈이다. '말이 씨가 된다'는 속담은 늘 말하던 것 이 실제로 이루어지는 것을 가리키는데, 이것은 그 말을 한 사람 또는 그 말 자체와 동일시가 이루어진 경우를 일컫는다. 언어에는 전염성이 있다. 늘 자존감을 해치는 말을 듣고 자란 사람과 늘 격려하며 응원하는 말을 듣고 자란 사람의 마음속 어휘들이 동일할 리 없다. 그가 들은 어휘들은 그 사람 자체가 될 확률이 높다. 프로이트는 5세까지 가장 중요한 인생의 축이 형성된다고 말했다. 마음의 첫 번째 축에 좋은 상과 좋은 말과 좋은 사람을 담아두면 이후의 인생이 조금은 수월해진다는 뜻인데, 사실 이것은 발달 과정에 대한 매뉴얼을 뜻하지는 않는다. 5세라는 기준은 그 시점이 절대적인 것이라는 말이 아니라 인생의 첫 번째 축이 중요한 역할을 한다는 뜻일 뿐이다.

우리는 이 책에서 삶의 방향성을 만드는 몇 가지의 중심축들을 살펴볼 것이다. 그 축들을 만드는 중심 기제가 바로 동일시다. 그 축들에는 위계가 없다. 즉 이것은 발달단계가 아니다. 만약 이전의 축들을 만들어내는 데 실패했다면 이제부터 하나의 축을 만들어가면 된다. 내 나이 일흔이니 이렇게 살다 죽겠다고 다짐한다면, 아흔에 사망하게 되는 경우 앞으로 20년 동안 변하지 않기 위해 내가 가진 모든 삶의 에너지를 소진해야만 한다. 무슨 바보짓인가? 모든 것이 끝났는가? 다 망쳐버렸는가? 그러나 지금 시작한다면 앞으로 남은 시간 동안 변화를 만들어낼 수 있다. 정신분석은 단 하루라도 내가 진정으로 행복할 수 있도록, 내가 세상에 기여할 수 있도록 도움을 주는 학문이다. 그 하루를 위해 우리는 모든 것이 다 끝난 듯한 바로 지금 다시 삶을 시작해야 한다. 여기서 주저앉아버리면 어떤 것도 변하지 않는다.

신화를 생각해보라. 비천하게 태어나 영웅으로 성장하는 이야기가 신화의 주된 서사다. 늘 잘살았고 늘 행복했고 늘 사랑받았던 사람에게서는 이야기가 탄생하지 않는다. 서사는 언제나 우리의 날개가 꺾이고, 희망이 좌절되고, 삶의 중심이 해체되었을 때 시작된다. 정신분석은 그것이 바로 '인간'의 출발이라고 말한다. 완전성이란 존재하지 않는 허상이며 불완전성만이 현실이자 삶 자체이자 더 나아가 우리의 구원이라는 것이다. 다시는 과거로 돌아갈 수 없는 상태가 되어버렸을 때, 그때 비로소 삶이 시작된다. 가장 중요한 것을 잃었을 때, 실패와 좌절로 주저앉게 되었을 때, 바로 그때 이야기가 시작된다. 사람은 쉽게 상처받는다. 수많은 한계들 속에 수많은 실수들을 연발한다. 죽음을 결심하게 되는 순간들은 도처에 존재한다. 그러나 이러한 상황에서 당신이 다시 일어나는 순간, 이야기가 시작된다. 그 이야기의 끝까지 최선을 다해 걸어온 자를 우리는 영웅이라 부른다. 영웅의 서사가 우리에게 힘을 주는 이유는 그것이 계산과 이성과 합리성을 넘어서는 이야기이기 때문이다.

정신분석은 결딴난 마음들을 위한 학문이다. 포기와 좌절, 내 몸이 두 동강 나는 듯한 경험, 돌이킬 수 없는 일, 회복 불가능한 관계, 내 날개를 꺾은 장애는 정신분석의 일상이다. 정신분석은 날개가 꺾인 다음, 내가 장애를 가지게 된 후, 삶의 중심이 무너진 이후에 내 진정한 이야기가 시작된다고 말한다. 이세돌이 알파고에 패한 후 맞이하는 네 번째 승부가 바로 우리 삶의 출발점인 셈이다. 실패한 후 비로소 우리의 삶이 시작된다는 설명은 정신분석의 낯선 주장들 중 하나일 뿐이다. 이보다 더 이해할 수 없는 또 다른 주장은 우리의 삶이 실패에서 비롯한다는 것이다. 프로이트는 어떤 문화적 요소도 존재하지 않는 야만이 인간의 시작이라고 말한다. 인간은 가장 순수한 존재로 태어나는 것이 아니라 어떤 이야기도 각인되지 않은 충동의 어둠 그 자체로 세상에 태어난다. 파괴와 공격만이 있는 '충동의 혼돈', 그것이 삶의 출발점이다. 그리고 충동의 혼돈에 서사의 길을 내는 것, 바로 그것이 에로스다. 부모의 양육, 연인과의 사랑, 친구와의 우애, 스승의 가르침 등은 모두 에로스에 포함되는 요소다. 이 요소들은 좋은 동일시를 촉발한다.

삶의 시간을 다시 흐르게 만드는 동일시란 좋은 동일시를 말한다. 좋은 동일시는 나를 삶의 방향으로 이끄는 동일시다. 내 마음속으로 들어와 내가 가진 가장 좋은 것들이 성장하게 만드는 사람, 우리는 그를 멘토라 부른다. 자기의 생각이 사라진 상태에서 오직 다른 사람들의 말만 듣는 사람의 경우는 어떨까? 앞에서 언급했듯이 지나친 동일시는 나쁜 동일시에 속한다. 내 마음속에 남이 자리를 너무 많이 차지하고 있지 않은가? 나를 지배하는 동일시의 형상에 구속되면 온전한 나로서 생각하고 말하고 행동하는 것이 불가능하다. 나는 그 사람을 위해 화를 내고, 그 사람을 위해 기뻐하지만 거기에는 내 이야기가 존재하지 않는다. 좋은 동일시는 내가 사라지는 동일시, 나를 파괴하는 동일시가 아니다. 좋은 동일시만이 내 역량을 확장하고 나를 성장시키며 나의 내면이 분화되고 성숙하도록 도울 수 있다. 이와 반대로 나쁜 동일시에서는 순종, 복종, 모방 속에 내가 사라져버린다. 부모와의 과도한 동일시 속에서 평생 부모의 삶을 대신하여 사는 미숙한 이들도 있지 않은가? 욕하면서 닮는 경우나 모방 범죄도 나쁜 동일시의 사례들이다. 히틀러와 그의 왜곡된 생각을 여과 없이 마음에 받아들이는 경우도 물론 나쁜 동일시다. 왜 히틀러의 자서전을 다시 출간하는 것이 문제가 될까? 많은 사람들이 그 책을 읽어서는 안 된다고 염려하는 것은 근본적으로 동일시 이론에 근거한다.

좋은 동일시란 '나'라는 한 사람이 가장 나다운 모습으로 존재할 수 있도록 만드는 동일시다. 내 생각이 있으면서도 남을 들여다볼 수 있고, 선택과 결정과 행동과 판단에 자율적인 사람, 행동할 순간을 주체적으로 결정하고 그것에 대해 자발적으로 책임을

지는 사람, 바로 그것이 정신분석의 종결에 이른 주체의 모습이며 좋은 동일시에 의해 창조되는 어른의 형상이다. 부모나 남에게 휘둘리지 않고, 현재를 분석하며 비판할 수 있는 사람, 그만이 다른 미래를 가능하게 만든다. 그는 삶의 방향으로 나아가며 주위의 어둠을 밝힐 것이다. 또한 그 자신은 다른 사람들에게 동일시의 대상, 즉 멘토가 된다. 당신의 멘토는 누구인가? 그리고 당신 자신이 누군가의 멘토가 되어준 적이 있는가?

무의식에서 다시 자아로

자크 라캉은 내 20대를 함께해준 스승이다. 나는 프로이트의 무의식을 강조하며 자아심리학자들을 비판하는 라캉의 정신분석학을 전공했다. 그래서 '자아'는 내가 비판해야 하는 단어다. 나는 '라캉과 현대정신분석학회'의 재무이사, 기획이사, 총무를 거쳐 지금은 대외협력이사다. 2003년부터 라캉학회는 내 집이나 다름없었다. 나는 라캉이라는 정신적 아버지의 가르침대로 자아보다는 무의식을, 감정보다는 언어분석을 강조해왔다. 지금까지 내가 쓴 책들도 모두 이 원칙에 따라 집필되었다.

라캉은 프로이트의 『새로운 정신분석 강의』라는 책에 나오는 문장인 "Wo Es war, soll Ich werden"을 자아심리학자들이 "이드가 있던 곳에 자아가 형성되도록 만들어야 한다Where the id was, there the ego shall be"로 오역했다고 지적하며 사실 이 문장은 "그것이 있던 곳에 내가 설 수 있게 되어야 한다Where it was, there I should come to be"로 번역해야 한다고 주장했다. 'Es'를 '이드'가 아닌 '그것' 즉 '무의식'으로 번역해야 한다는 것이다. 자아를 강조한다는 것은 통제하고 조절하고 거짓말하는 조직을 무의식보다 더 중요시한다는 뜻이며 그것은 프로이트에 대한 배반을 뜻한다. 자아가 강한 사람이란 다른 사람의 말을 듣지 않는 사람, 자신의 거짓말을 진실이라고 우기는 사람을 이른다.

나 역시 1996년부터 지금까지 줄곧 이 번역에 따라 자아심리학과 자아를 비판해왔다. 그러나 프로이트의 책을 잘 읽어보면 프로이트는 이 대목에서 자아에 대해 이야기하고 있다. 그는 심지어 이 문장의 조금 윗부분에서 "자아를 강화하기 위하여"라는 표현까지 사용한다. 사실 이 대목은 자아심리학자들의 제안처럼 번역하는 것이 옳다. 라캉이 주장해온 바와는 달리, 자아는 매우 중요한 조직이다. 프로이트가 왜 말년에 모든 저서들에서 그토록 자아를 강조했겠는가? 그러나 프로이트가 강조한 자아는 거짓말하는 미숙한 자아가 아니라 진실을 따르는 성숙한 자아다. 변화를 위해 일상을 포기할 수 있고, 내 의견을 주장할 수 있는 것이 바로 자아다.

나는 이 책에서 자아를 강조하고 있다. 프로이트에게 자아가 중요했던 이유는 그것이 야만으로부터 문화로 이행하는 과정에서 가장 중요한 매개이기 때문이다. 그것은 동일시가 시작되는 지점이자 동일시에 의한 수많은 서사들이 진행되는 공간이다. 동일시한 이미지와 서사가 담기는 그릇이라고 생각하면 된다. 이 그릇 속에는 내가 언젠가 만났던 사람, 그 사람들의 말, 그 사람들의 생각, 그리고 그들의 표정들이 담겨 있다. 이 대상들이 외부의 사물과 이어질 때 다른 사람도 그 존재를 감지할 수 있게 된다. 내가 하는 말을 떠올려보자. 어머니가 자주 쓰시던 단어, 어제 친구가 했던 말이 툭 튀어나올 때가 있지 않은가? 그 말 위에 사람이 실려 있는 것이다. 그때 주위 사람들도 누가 그 말을 하는지, 자아라는 그릇 속에 누가 있는지 알 수 있게 된다.

자아는 조직되지 않은 덩어리에서 분화한 외면이다. 프로이트는 야만 그 자체인 덩어리를 이드라고 불렀다. 영어에서 id로 번역된 독일어 단어는 Es그것로서, 그게 뭔지 잘 모르겠다는 뜻이다. 갓 태어난 아이의 상태, 바로 그것이 이드다. 이것은 하고 싶은 대로 하는 야만에 가까운 영역인데 그것이 외부를 만나며 조금씩 조직화되어가는 과정을 발달이라고 부른다. 프로이트는 조직화된 이드의 일부를 자아라고 불렀다. '나'라는 것이 만들어지는 과정이라고 생각하면 된다. 이 과정이 진행되며 또 하나의 조직체가 나타나는데 그것은 초자아다. 초자아는 자아에게 이런저런 명령을 할 수 있는 영역으로서 양심도 그 일부로 간주된다. 이드가 지니는 충동의 혼돈에 서사의 길을 내는 조직이 바로 자아이며 초자아의 명령 앞에서 초자아와 협상하는 것이 자아다. 자아란 정신분석의 출발점에서부터 '나'를 의미하는 체계였다. 이드에 대해 이론화하기 전부터 자아를 가정할 수밖에 없었다는 것이다. 정신분석에서 '나'에 대한 연구보다 더 중요한 것이 무엇이겠는가?

강연을 할 때 내가 대중들에게 제일 먼저 하는 질문이 있다. "정신분석이라는 말을 들으면 어떤 것들이 떠오르세요?" 가장 많이 언급되는 것이 자아, 초자아, 이드, 오이디푸스 콤플렉스다. 심리 치료 관련 저서들에 가장 자주 언급되는 것도 자아다. 이들이 모두 틀린 것일까? 나는 그들의 편에 서도 된다고 생각했다. 그들의 편에 서야 한다고 생각했다. 많은 사람들이 공통적으로 떠올리는 것에서 이야기를 시작해야 한다. 너무나 많은 사람들이 자아를 강화해야 한다고 말해왔지만 라캉 전공자였던 나는 언제나 그들 모두가 틀리다고 주장해왔다. 그러나 사실은 자아를 강화하는 것이 맞다.

이것이 라캉에 대한 배반일까? 물론 그렇게 보인다. 그러나 나는 라캉을 배반한 후 자아를 통해 다시 라캉으로 돌아가고 있다. 내가 말하는 자아는 무의식적 진실을 이해하는 성숙한 자아이기 때문이다. 프로이트는 자아의 많은 영역이 무의식적이라는 것을 강조하며 자아와 의식이 같은 개념으로 사용되는 경향을 자주 비판했다. 아는 것이 자아라면, 문제가 생긴다. 내가 아는 것에 집착하게 되기 때문이다. 그러나 현실의 이모저모를 판단하고 그 너머를 분석할 수 있는 능력을 가지는 자아는 아는 것 너머의 세상을 포괄하는 조직이어야만 한다. 엄밀히 말해 자아심리학자들이 '아는 것' 즉 의식과 연결된 자아를 중시한 반면 나는 이 책에서 무의식과 연결된 자아를 강조한다. 그것은 라캉이 주장한 프로이트로의 복귀에 어긋나지 않는 해석이다. 이 책 속의 자아가 무의식의 진실을 향해 나아가고 있기 때문이다.

결국 말하고 행동하고 결정하고 선택하는 것은 자아다. 그 과정이 무의식에 기반한다는 것을 강조할 수는 있지만 결국 우리는 자아로 복귀할 수밖에 없다. 나 자신이 모든 것의 책임을 떠맡기 위해서는 알지 못하는 부분이 아니라 아는 나, 결정하는 나, 선택하는 나를 강조해야 한다. 그 중심에 자아가 있다. 그리고 자아의 가장 중요한 역할 중 하나가 바로 동일시다. 동일시는 정신분석이 제시하는 인간관계의 근본원리라 할 수 있다.

이 책의 구성

나는 학위 과정을 마친 후 지금까지 라캉이 강조하는 언어분석을 토대로 정신분석을 설명해왔다. 내가 그동안 썼던 『프로이트의 환자들』과 『내 무의식의 방』에서도 자아보다는 언어유희에 의한 분석이 그 중심에 배치되었다. 환자의 말을 통해 내면의 사고를 분석하는 데 초점을 맞추는 방식만을 강조했다. 나는 결단하고 행동하는 자아의 힘에 대해서는 어떤 이야기도 하지 않았다. 그러나 언어분석은 정신분석의 일부일 뿐이다. 정신분석은 대중들이 일상에서 사용할 수 있는 이론이 되어야 한다. 정신분석의 실천적 측면을 더욱 생생히 그려내기 위해 나는 프로이트의 편지들을 선두에 배치했다. 이론 부분 역시 프로이트가 편지에서 강조한 개념들을 중심으로 소개했다. 이 책은 대중에게 가장 가까이 있는 개념을 통해 정신분석의 이야기를 전할 수 있는 방법에 대해 고민한 결과이다. 그 중심에는 '동일시'가 있다. 또한 프로이트의 사례들에 초점을 맞추었던 이전의 저서들과 달리, 이번에는 한국의 현재를 중심으로 사례들을 선택했다.

이 책은 다섯 장으로 구성된다. 각 장은 다시 세 부분으로 이루어지는데, 시작 부분에서는 프로이트의 편지가 소개되고 두 번째 부분에서는 이와 관련된 이론이, 그리고 마지막 부분에서는 관련 사례들이 언급된다. 1장은 프로이트와 아인슈타인의 서신 교환의 기록인 「왜 전쟁에 반대하는가」를 통해 프로이트가 강조하는 동일시 개념에 대해 이야기한다. 요약하자면 좋은 동일시란 충동의 혼돈에 길을 내는 도구이며, 죽음 충동과 싸우는 삶 충동, 즉 에로스를 그 기반으로 삼는다. 프로이트는 좋은 동일시와 나쁜 동일시를 구분한다. 삶의 방향성을 확보하는 동일시는 물론 전자의 경우다.

2장은 지나친 동일시가 해가 되는 경우를 소개한다. 강압적인 부모에 의해 아이의 자아가 파괴되는 사례 역시 여기에 속한다. 10대의 프로이트가 친구와 주고받은 편지로 시작되며 내 아이를 성숙한 아이, 든든한 아이로 키우려면 어떻게 해야 하는가에 대해 고민할 수 있는 부분이다.

3장은 프로이트가 자신의 연인에게 보내는 편지로 시작한다. 이 부분은 과도한 동일시가 해가 되지 않는 경우, 즉 연인과의 사랑에 대한 이야기다. 미숙한 사람이라면 한 사람을 온전히 자신 안에 받아들이는 경험을 할 수 없을 것이다. 한 사람을 사랑한다는 것, 성숙한 어른이 된다는 것이 무엇인가에 대해 생각해보자. 물론 이를 위해선 먼저 부모에게 연결된 탯줄을 잘라내야 한다.

4장은 프로이트가 플리스, 융과 주고받은 편지들을 소개한다. 온전한 자신이 되어가는 과정에서 우리는 몇 가지 관문을 통과

해야 한다. 우선 내가 좋아하는 것이 무엇인지 관찰하고, 나만의 스타일을 찾아야 하며, 그다음에는 내가 좋아하는 그 일을 꾸준히 할 수 있어야 한다. 이 과정에서, 관련된 영역의 사람들을 만날 것이며, 그중 몇몇은 내 멘토가 될 것이다. 멘토의 손을 잡는 것은 어렵지 않다. 그냥 멘토에게 편지를 쓰면 된다. 이 과정의 끝에 나는 아마도 한 영역의 전문가가 되어 있을 것이다. 대단한 직업, 대단한 직위에 대해 말하는 것이 아니다. 내가 좋아하는 그 일을 아주 잘 안다는 뜻이다. 생활의 달인이라 표현하면 가장 적절할 듯하다. 일상 속에서 전문가가 된다는 건, 누군가를 도와줄 수 있는 경지에 오른다는 뜻이다. 그것에 대해 내가 더 많이 알고 있기 때문이다. 모두 어떤 것의 전문가가 되는 세상, 그것이 낙원이 아닐까? 그런데 전문가가 된 다음에도 우리는 한 걸음 더 내디뎌야 한다. 내가 좋아하는 것을 따라 걸어왔기 때문에 어쩔 수 없이 내가 지니게 된 한계들이 있을 것이다. 그것마저 뛰어넘을 수 있는 사람, 그가 바로 진정한 어른이다.

한 사람에게 자신을 정의하는 독특한 취향과 개별적 특성이 있을 때 그것은 장점이 되어 그의 스타일을 정하기도 하지만 인생의 한 지점에 이르러 단점이 되어 그를 공격하기도 한다. 4장은 그 단점이 어디서 기원하는지 그리고 그 때문에 어떤 삶의 역경이 필연적으로 도래하는지 보여주는 부분이다. 한마디로 프로이트의 단점에 대해 이야기해보고 그가 자신의 단점을 극복할 수 있었는지 생각해보겠다는 말이다. 만약 그가 그렇게 할 수 있었다면 우리는 프로이트를 정신분석가가 아닌 인류의 멘토로 간주할 수 있을 것이다. 물론 이 모든 과정은 사람과의 관계, 그리고 그들과의 동일시에 의해 전개된다.

5장은 프로이트가 말년에 작가 아르놀트 츠바이크, 목사 오스카 피스터와 주고받은 서신으로 시작된다. 이 장에서는 프로이트가 인생의 황혼녘에 이르러 나치의 박해 속에서 자신의 단점을 조금이라도 극복했는가에 대해 살펴본다. 이는 우리 모두의 이야기이기도 하다. 그냥 그렇게 살다 가는가 아니면 자신과의 싸움에서 이기고 자신의 단점을 극복하여 나이에 걸맞은 어른이 되는가의 문제는 우리 모두가 직면하게 되는 고민일 것이다. 이 부분에는 이 책의 반전이 배치되어 있기도 하다. 자신을 극복한다는 것은 지금까지 그가 이루어낸 동일시를 모두 벗어나야 한다는 말이기 때문이다. 즉 내 마음에 담긴 다른 사람들의 이야기를 내려놓아야 한다. 과거를 내려놓을 때 나는 비로소 현재에 충실할 수 있게 된다. 과거 때문에 현재가 보이지 않는 경우들이 있다. 과거의 망령에 사로잡혀 지금 내가 무슨 짓을 하고 있는지 알지 못하는 것이다. 내가 지금 보고 듣는 것들을 토대로 현재 속에서 내 능력을 발휘하기 위해 우리는 우리를 붙들고 있는 과거를 내려놓아야 한다. 그러나 자아 속에 각인된 사람들을 내려놓는다는 것이 내가 그들에게 받은 영향을 모두 버린다는 말은 아니다. 그들에게 휘둘리지 않는다는 뜻이다. 내 자아 속 인물들이 온전히 나 자신의 일부가 되도록 만드는 동시에 내 부모, 내 부모의 친구, 내 부모의 친구의 딸, 내 친구의 부모를 모두 내려놓아야 한다는 뜻이다. 내가 멘토들에게서 배운 능력을 말하는 것이 아니다. 나는 내 멘토들의 능력을 내 것으로 동화한 상태이며, 그 능력을 통해 진정으로 현재를 보고 읽고 분석하여 변화를 만들어내기 위해서는 인간으로서의 멘토 역시 내려놓아야 한다는 말이다. 관계를 내려놓는 것은 쉽지 않은 일이다. 그러나 그것은 문화를 향해 나아가는 시대의 어른이 되기 위해 거쳐야 하는 필수적인 단계다.

이 책은 좋은 동일시에서 시작하여, 자아가 형성되고 성장하고 확장되며 한 사람의 전문가가 되는 과정을 거쳐, 모든 동일시를 극복하고 자기 자신을 넘어서는 지점에서 종결된다. 이것은 프로이트 한 사람의 이야기가 아니다. 여기에는 우리 모두의 이야기가 담겨 있다.

나는 이를 통해 다음 네 가지를 성취하고자 한다. 우선 프로이트의 편지를 통해 그의 생애를 이야기하고 싶다. 7,000쪽의 편지가 남아 있으나 중요한 서신 교환들조차 번역되어 있지 않은 상황이라 편지 내용 대부분은 이번에 처음으로 소개되는 것이다. 두 번째로 프로이트의 주요 개념들을 가장 친밀한 언어로 풀어내고 이와 관련된 주요 저서들을 소개하고 싶다. 세 번째로 다른 시대, 다른 나라의 이야기가 아닌 우리의 문제, 우리의 이야기, 대중들이 이미 잘 아는 사건을 중심으로 사례를 구성하고자 한다. 마지막으로 다섯 장을 통해 유아기, 아동기, 청소년기, 청년기, 장년기, 노년기의 중심 과제들과 양육, 성장, 결혼, 사회관계, 직업의 문제 등 삶의 각 단계의 이야기들을 담아내고자 한다. 나는 이것이 정신분석이 다루어야 하는 이야기라고 생각한다. 그것은 삶 속의 정신분석, 바로 백만인을 위한 정신분석의 이야기다. 이러한 맥락에서 나는 정신분석을 한마디로 '휴머니즘'이라 부르고 싶다.

차례

1

정신분석은
휴머니즘이다

정신분석의 목표는 사람들에게 좋은 동일시를 선물하는 것이다. 이는 쉽지 않은 과제인데, 그 이유는 사람과 사람을 연대하게 만드는 에로스와 함께, 남을 밀어내고 배척하고 이용하고 파괴하려는 타나토스적 공격 충동이 인간 내면에 존재하기 때문이다. 그렇다면 우리는 어떻게 공격 충동을 억제하고 에로스를 확장시킬 수 있을까? 이 고민은 전쟁 재발 방지에 대한 프로이트의 논의 중심에 배치되어 있다.

1차 세계대전 후 만들어진 국제연합은 '국제지적협력연구소'를 가동하여 국제연맹의 취지—전쟁 재발을 막고 평화와 안전을 유지한다—에 부합하는 지식인들의 서신 교환을 독려한다. 아인

정신분석은 휴머니즘이다

슈타인은 세계 평화 수호와 안전 유지라는 주제로 서신 교환을 요청받았을 때 그 상대로 프로이트를 지목한다. 이렇게 해서 둘 사이에 서신 교환이 이루어지는데, 아인슈타인에게 보내는 프로이트의 답신에서 우리는 전쟁을 막고 평화를 수호하기 위해 정신분석이 기여할 수 있는 바에 대한 프로이트의 고민을 공유할 수 있다.

이 편지는 「왜 전쟁에 반대하는가」라는 제목으로 프로이트 전집에 수록되어 있다. 프로이트는 이 편지에서 '에로스'와 '동일시'를 중심으로 정신분석의 답변을 제시한다. 에로스는 삶의 방향성을 불어넣는 인간의 기본 축이다. 따라서 인간은 에로스에 의해 남과 연대하고 세상을 마음속에 받아들이게 되는데 이 메커니즘을 동일시라 부른다. 물론 여느 때와 다름없이 프로이트는 매우 복잡한 방식으로 이에 대해 설명한다. 에로스에 의한 좋은 동일시가 있고 죽음 충동에 의한 나쁜 동일시가 있으며 전자는 우리를 삶으로 나아가게 만들지만 후자는 우리가 절멸의 방향을 택하도록 만든다는 것이다.

프로이트는 인간이 태어날 때부터 지니는 특성들에 관심을 두었다. 갓 태어난 아기는 배려하고 사유하는 인간처럼 보이지 않는다. 거대한 에너지의 덩어리 같은 느낌인데, 프로이트는 그 덩어리를 충동이라고 불렀다. 나중에 그는 충동을 담는 그릇으로서 이드라는 개념을 제안한다. 충동의 덩어리가 인간이 되어가는 과정에서 가장 중요한 것은 보살핌이다. 먹이고 보호하지 않으면 아이는 생명을 유지하기 어렵고 어른으로 성장하지 못한다. 이러한 인간 개체의 발달을 위한 모든 보살핌을 프로이트는 에로스 즉 사랑이라 불렀다.

충동의 혼돈 그 자체는 두 가지 방향으로 전개된다. 프로이트는 그 에너지가 내면을 향하는 경우를 죽음 충동이라 부르고 외부를 공격하는 경우를 공격 충동 또는 파괴 충동이라고 불렀다. 또한 그는 죽음 충동의 방향을 야만으로 정의하고, 삶 충동 즉 에로스의 방향을 문화라 정의했다. 이와 같이 항상 개인에게만 적용되어온 정신분석은 「왜 전쟁에 반대하는가」를 통해 문화와 야만, 전쟁과 평화, 선과 악에 대한 주제로 확장된다.

20대 초반에 이 편지를 읽었을 때 나는 이를 정신분석학의 중심 논의에는 속하지 않는 외전 정도로 간주했었다. 개인에 대한 이야기나 구체적인 사례 없이 막연해 보이는 이론들만을 두서없이 나열하고 있는 듯했기 때문이다. 편지를 읽고 나서도 마음에 남는 부분이 별로 없었다. 20대 후반에 다시 편지를 읽었을 때는 프로이트가 약하다는 생각을 하게 되었다. 어떻게 하면 전쟁을 막을 수 있을까에 대한 아인슈타인의 절실한 고민 앞에 프로이트는 우리가 할 수 있는 일이 별로 없다고 답했다. 프로이트는 언제나 죽음 충동이라는 위험이 도사리고 있으며 쉽게 에로스를 가동하고 공격 충동을 물리칠 수는 없을 것이라고 말했다. 너무나 약한 모습이었고, 실천적 대안도 아닌 듯 보였다. 그렇다면 뭘 어떻게 하라는 것인지 알 수 없었다. 그는 작은 목소리로 회의적인 생각을 자신 없이 말하고 있었다. 오히려 아인슈타인이 프로이트보다 정신분석을 더욱 확고히 믿고 있는 듯했으며 이론적으로도 프로이트를 능가하는 것 같았다.

서른이 되어 다시 편지를 읽었다. 프로이트는 전혀 다른 이야기를 전하고 있었다. 국제연맹의 모든 노력을 무력하게 만들며 2차 세계대전이 발발했고, 그러한 역사의 시간을 감안하며 다시 읽은 프로이트는 더 이상 회의적인 어조를 띠고 있지 않았다. 그는 에로스와 타나토스 사이의 줄다리기는 결코 쉽게 승부가 나지 않는 싸움이라는 것을 강조했고, 쉬운 답을 빨리 제시할 수 없을 만큼 충동의 혼돈이 막강하다는 점을 설명하고 있었다. 그가 제시한 답은 '문화'와 '동일시'였다. 야만에서 문화로 나아가기 위한 방법은 감정적 유대를 형성하는 것이며 그는 이를 이론적인 개념으로 '동일시'라 불렀다.

마흔이 되어 다시 읽은 프로이트는 더욱 실천적인 답을 제시하고 있었다. 프로이트는 인간 내면의 충동과 그 혼돈을 두려워하며, 그러한 충동의 혼돈이 개인의 삶에 어떤 재앙을 일으키는지 경고했다. 이에 대한 대책이 바로 동일시인 것이다. 그것은 전쟁을 막기 위한 대안이자 개인의 삶을 구원하기 위한 구체적 방법론이었다. 마흔이 되어서야 나는 감정적 유대에 의한 좋은 동일시라는 프로이트의 제안이 전쟁과 범죄를 막을 수 있는 정신분석의 답이기도 하다는 사실을 깨달았다. 그리고 2016년 강남역 살인 사건 이후 나는 더욱더 정신분석이 개인의 영역을 넘어 사회의 영역으로 확대되어야 하며 더 나아가 궁극적으로 범죄의 예방에 기여할 수 있는 이론이 되어야 한다고 생각했다.

2016년 5월 17일 발생한 강남역 살인 사건은 언론에 집중적으로 보도된 바 있다. 이 보도들에서 피의자는 2008년부터 현재까지 6회 이상 입원 치료를 받았으며 그 기간은 총 19개월에 이른다고 전해졌지만 정신과 진료는 오직 약 복용을 중단했다는 사실과만 연계되어 언급되었다. 나는 이 점을 도무지 이해할 수 없었다. 프로파일러의 발표에서도 피의자의 증상들을 나열한 후 그것을 분석이라고 부르는데, 앉았다 일어서기를 반복하는 등의 행동은 분석된 결과가 아니라 애초에 정신과를 찾게 된 증상이었다. 그는 19개월 동안 어떤 치료를 받았을까?

이 질문에 답하기에 앞서 잘 알려진 다른 정신분석 사례를 살펴보자. 자신이 남의 논문을 표절한다는 두려움을 가진 한 사람이 있다. 여기서 우리는 두 종류의 접근 방식을 생각할 수 있는

정신분석은 휴머니즘이다

데, 하나는 환자가 말하는 두 논문을 읽고 표절에 해당하는지 그렇지 않은지를 먼저 판단하는 것이다. 그러나 라캉이 지적하듯이 정신분석에서 이러한 접근은 원인으로 이어지는 좋은 분석이 아니다. 그보다 더욱 적절한 분석은 왜 그 사람이 거듭하여 표절에 대해 이야기하는가를 알아내는 것이다.

이 사례에 등장하는 환자의 사정은 이러했다. 그는 유명한 할아버지와 조부의 기대에 부응하지 못한 나약한 아버지 사이에서 마음속으로 아버지의 편이 되고자 했다. 그 연장선에서 자기 자신 또한 독창적이지 않다는 것을 보이려 했고 그 방법은 자신의 모든 글이 남의 이야기를 표절했다고 믿는 것이었다. 강남역 사건에서도 정작 중요한 부분은 피의자가 진술한 대로 정말 여자들이 그에게 피해를 주었는가를 조사하는 것이라기보다는 왜 그런 생각을 하게 되었는가를 분석하는 것이다. 그것은 19개월의 정신과 치료에서 진행되었어야 하는 부분이다. 왜 이런 이야기는 단 한마디도 없이 오직 약을 중단했다는 말만 언급되는 것일까? 이 사례에서는, 이유를 찾아가는 정신분석의 이론과 실천이 활용되고 있지 않다.

어렸을 때는 왜 정신분석에 그렇게 성 이야기가 많은지, 왜 항상 충동을 그렇게 중요한 것으로 간주하는지 이해할 수 없었다. 라캉이 강조하는 대로 언어유희를 중심으로 한 언어분석이 성욕설이나 충동 이론보다 더욱 중요하다고 생각했다. 문장을 조각 내고, 그 문장 속에 있는 단어를 더 작은 조각으로 나누어 새로운 의미를 찾아가는 여정이 충동의 어둠에 대한 이해보다 더 중요하다고 믿었다. 구강기니 항문기니 남근기니 하는 리비도 발달 단계의 공식들이 정신분석의 대표 개념으로 인식되는 경향도 불만이었다. 실천에 활용할 때 그런 것들은 도움이 되지 않는다고 생각했던 것이다. 심리학 개론서들이 다 틀렸다고 자부했으며 그들이 모르는 진실을 내가 알고 있다는 착각 속에 뿌듯함을 느끼기도 했다.

그러나 시간이 지날수록, 성, 충동, 리비도 발달단계를 간과할 수 없다는 것을 확신하게 되었고, 이제는 어떻게 성에 대해 이야기하지 않을 수 있을까 하는 생각마저 든다. 여성들이 너무나 쉽게 성추행과 성폭행의 대상이 되며 폭력에 노출되는 현대사회에서 어떻게 성 문제를 이야기하지 않을 수 있단 말인가? 프로이트는 성이 바로 충동의 혼돈이 표출되는 부분이라고 설명했다. 그 끝에 범죄가 존재하지 않는가? 어떻게 하면 전쟁을 막을 수 있느냐는 아인슈타인의 질문은 어떻게 하면 범죄를 예방할 수 있느냐는 질문과 같은 것이었고, 이를 깨달았을 때 나는 마치 내 고민을 들은 프로이트에게서 답장을 받은 듯한 느낌을 받았다.

수없이 읽었던 편지이건만, 이번에는 한 단어가 확대되어 보였다. 그것은 '동일시'였다. 그리고 그가 얼마나 자주 감정적 유대와 동일시를 강조해왔는지 깨닫게 되었다. 그것은 회의적인 목소리가 아니었다. 그는 충동의 혼돈에서 인간을 구하기 위해 어떤 일들을 할 수 있는가에 대한 구체적인 이야기들을 목청껏 외치고 있었다. 프로이트의 글을 정독하며 그의 개념들을 마음에 담고 나면, 다시는 그 이전으로 돌아갈 수 없게 된다. 편지를 다시 읽으며 동일시라는 개념과 눈을 맞추고 나니, 다시는 동일시를 이전과 같이 생각할 수 없었다. 동일시가 질적으로 전혀 다른 개념이 되어버린 것이다. 프로이트의 글을 정독할 때 늘 일어나는 일이다.

훗날 히틀러의 위협을 느끼며 프로이트는 에로스와 죽음 충동의 싸움에 대해 다시 한 번 언급한다. 이 싸움에서 누가 이길지 아무도 알 수 없다는 그의 말은 결코 회의에 찬 자포자기식 발언이 아니다. 그것은 우리가 내면에서, 모든 것을 걸고 최선을 다해 싸워야만 이길 수 있는 그런 전투를 벌이고 있다는 것을 뜻한다. 죽음 충동의 위협에서 인류를 지키기 위해 우리가 필사의 노력으로 매달려야 하는 것은 좋은 동일시를 촉발하는 에로스적 요소다.

슬라보예 지젝이라는 정신분석학자는 죽음 충동을 상당히 멋있는 개념으로 재해석했다. 라캉의 경우도 마찬가지다. 소포클

레스의 비극에는 오이디푸스의 딸 안티고네가 하늘의 법을 따르기 위해 왕의 명령을 어긴 후 동굴에 갇히는 장면이 있다. 라캉이 상징계적 죽음이라고 부르는 장면이다. 몸은 살아 있으나 이 사회에 존재하지 않는 안티고네의 처지가 망자와 다름없다는 뜻이다. 그리고 상징적 죽음을 선택하는 동력이 죽음 충동이라고 설명한다. 이런 멋진 해설 속에는 야만으로서의 죽음 충동 그 자체가 초래할 수 있는 파괴적 행위에 대한 설명이 충분히 제시되지 않는다. 그러나 프로이트의 「왜 전쟁에 반대하는가」를 통해 충동의 혼돈으로서의 죽음 충동이 어떤 파국을 의미하는지 깨달았을 때 나는 이 개념을 더는 이전과 같이 생각할 수 없었다. 그것은 에로스가 사용할 수 있는 힘이기도 했지만, 그보다 먼저 더욱 근본적으로 파괴와 공격의 힘 자체를 뜻하는 것이었다. 프로이트가 1920년에 이 개념을 소개하고 왜 시간이 가면 갈수록 더욱더 강경한 어조로 죽음 충동을 공격 충동이라 정의했는가를 알 수 있었다. 죽음 충동 그 자체는 충동의 혼돈을 뜻하며 이 충동에 에로스를 불어넣어야 인류는 전쟁과 범죄의 위협에서 벗어날 수 있다.

한마디로 동일시는 충동의 혼돈에 에로스를 불어넣어 길을 내는 과정이다. 충동에 서사의 길이 나면 사람이 보이고 이와 동시에 방향이 생기며 목표가 나타난다. 그 길을 따라 걷는 것을 우

정신분석은 휴머니즘이다

리는 양육, 발전, 성장이라고 부른다. 프로이트는 그 끝에 문화를 배치한다. 야만의 상태는 무슨 짓이든 해도 된다는 마음이며, 그러한 마음에 사람의 온기가 배어들게 하는 것이 바로 에로스와 동일시의 기능이다. 에로스에 의해 충동에 길이 나면 무슨 짓이든 할 수 있는 충동의 상태가 더는 가능하지 않다. 어떤 일은 하지 않게 되는 것이다. 사람이 보이기 때문이다. 에로스에 의한 좋은 동일시란 한마디로 악에서 선으로, 어둠에서 빛으로 변화하는 힘이다.

프로이트가
아인슈타인에게[1]

전쟁을 막는 감정적 유대

친애하는 아인슈타인 교수님께

교수님께서는 말씀을 시작하시며 정의Recht와 힘Macht의 관계에 대해 언급하셨죠. 그것은 명백히 우리가 힘을 합쳐 고찰해야 하는 문제의 출발점입니다. 혹시 제가 여기서 '힘'이라는 단어를 좀 더 적나라하고 냉혹한 단어인 '폭력'으로 바꾸어도 될까요? 정의와 폭력이라는 건 겉보기에는 반대말처럼 보입니다. 그러나 하나가 다른 하나로부터 파생되었다는 것을 증명하는 건 쉬운 일이죠 …… 폭력은 사람들의 연대에 의해 극복될 수 있습니다. 그렇게 되면 유대를 이루었던 사람들의 힘은 이제 개인의 폭력을 제압하는 법을 의미하게 됩니다. 그러므로 우리는 정의를 공동체의 힘으로 간주할 수 있을 것입니다. 그러나 그 역시 이 법에 저항하는 모든 개인들을 제압하는 역할을 한다는 점에서 여전히 폭력이라 할 수 있습니다 ······ 상황을 더 복잡하게 만드는 것은, 공동체란 그것이 형성되는 초기부터 남성, 여성, 부모, 자식과 같이 동등하지 않은 힘을 배분받은 구성원들로 이루어진다는 점입니다. 전쟁이나 정복의 결과는 바로 승자와 패자를 구분하게 되고 이들은 각각 주인과 노예가 됩니다. 그 속에서 그렇게 권력이 불평등한 방식으로 배분되며 공동체의 정의가 정립됩니다. 지배계급에 의해, 그리고 그들을 위해 법이 제정되고 여기에는 복종하는 이들의 권리를 위한 어떤 배려도 존재하지 않습니다. 이제부터 이 공동체 속에서는 주인의 법을 위협하는 두 가지 요소들이 작용하게 됩니다. 그러나 동시에 그것은 법의 분화를 도모하는 요인이기도 하답니다. 우선 첫 번째로, 특정 지배자들이 나타나, 모든 이들에게 적용되는 금지 조항을 위배할 수 있는 특권을 요청합니다. 그들은 법의 지배로부터 폭력의 지배로 퇴행하고자 하는 이들입니다. 두 번째로 집단 속에서 억압받는 구성원들은 힘을 얻고자 지속적으로 노력하며 법으로 그러한 변화를 승인받기 위해 사력을 다합니다. 그들은 불평등한 정의로부터 모든 이들에게 평등한 정의로 나아가려고 노력합니다. 다양한 역사적 요인들에 의해 세상이 변화되어왔듯이, 공동체 속에서 진정한 힘의 이동이 일어나는 경우, 바로 이 두 번째 경향이 특히 중요합니다. …… 국제연맹이라는 조직은 지금까지 거의 (그런 규모로는 한 번도) 시도되지 않았던 대담한 시도를 전제로 한 기구입니다. 그것은 어떤 이상적인 태도에 호소함으로써, 일반적으로는 힘을 소유한 자에게만 허락되는 권력(즉 강제적인 영향)을 얻고자 하는 시도입니다. 우리는 공동체가 다음 두 가지 요소들에 의해 단결된다는 것을 살펴보았습니다. 하나는 폭력의 강제적인 힘이며 다른 하나는 구성원들 간의 감정적 유대입니다(이것은 기술적인 명칭으로는 동일시로 지칭됩니다). 하나의 요소가 부재할 경우라도 공동체는 다른 요소에 의해 단결될 수 있습니다 …… 오늘날 존재하는 어떤 이념도 그러한 종류의 통합된 권력을 가능하게 할 수는 없을 것입니다 …… 그러므로 현재로서는 실제적인 힘을 이념의 힘으로 대체하고자 하는 노력은 실패할 수밖에 없습니다 ……

교수님께서는 인간이 너무나 쉽게 전쟁에 열광한다는 사실에 대해 놀라워하셨고, 아마도 인간 내부에 증오나 파괴에 관련된 충동이 존재하여 그러한 전쟁광들을 환영하게 되는 것이 아닐까 추측하셨죠. 저는 그 말씀에 전적으로 동의합니다. 우리는 그런 종류의 충동이 존재한다는 것을 믿고 있으며 사실 지난 몇 년간 그러한 충동의 발현에 대해 연구해왔습니다 …… 우리는 두 종류의 인간 충동

43

이 존재한다는 가설을 세웠습니다. 하나는 보존과 통합을 추구하는 것이며 다른 하나는 파괴와 살인을 추구하는 것으로서 우리는 전자를 플라톤이 『향연』에서 에로스라고 부른 것과 동일한 의미에서 에로스적 충동이라고 지칭하거나 섹슈얼리티라는 대중적 개념을 확장하여 성 충동으로 부르며, 후자를 공격 충동 또는 파괴 충동이라고 부릅니다 …… 두 충동들 모두 본질적이며, 삶의 현상들은 이 충동들이 공존하거나 상호 배척하는 과정에서 나타나게 됩니다. 한 종류의 충동이 전적으로 분리된 상태에서 작동하는 것은 가능하지 않다고 말씀드릴 수도 있을 듯하네요. 한 충동은 언제나 — 마치 합금 과정과 같이 — 다른 쪽으로부터 일정량의 구성 성분을 전달받게 되어 그 목적이 변경되거나 어떤 경우에는 다른 충동의 도움으로 원래 설정되었던 목적이 달성되기도 합니다. 예를 들어 자기보존 충동은 에로스적 충동에 속하지만, 목적을 달성하기 위해서는 공격성을 띨 줄도 알아야 할 것입니다. 사랑 충동 역시 대상을 향해 나아갈 때 그 대상을 얻기 위해 필수적으로 요구되는 통제 충동의 도움을 받아야 합니다 …… 우리는 생명을 파괴하고, 삶을 태초의 무생물 상태로 되돌리고자 하는 충동이 모든 인간의 내면에 자리 잡고 있다는 가정을 하게 되었습니다. 에로스적 충동이 살고자 하는 노력과 관련된다면, 그러한 파괴적 충동은 죽음 충동이라 명명해야 할 듯합니다. 죽음 충동은 특정 내부 기관들의 도움을 받아 외부 대상으로 정향되며 파괴 충동으로 변합니다. 유기체는 외부 대상을 파괴함으로써 자신의 생명을 보존하게 되는 것입니다. 그러나 이때조차 여전히 내부에 남아 있는 죽음 충동의 일부는 정상적인 방식으로 또는 병리적인 양상으로 드러나며 그것은 마치 파괴 충동이 내면화한 것처럼 보입니다. 우리는 양심이라는 것 역시 내부를 향한 공격성으로 정의합니다 ……

우리의 신화적인 충동 이론에서 전쟁에 맞서 싸우는 간접적인 방법을 찾을 수 있을 듯합니다. 전쟁에 적극적으로 가담하고자 하는 마음이 파괴 충동의 효과라면 이에 대한 가장 명백한 대책은 그 적수인 에로스를 가동하는 것이라 생각합니다. 인간관계 속에서 감정적 유대를 강화하는 모든 시도들은 전쟁에 반하는 기능을 수행하게 됩니다. 그러한 유대에는 두 가지 종류가 있습니다. 우선 첫 번째 유대는 성적인 목적이 없이도 사랑이 향하는 대상과의 관계인데, 그러한 사랑에 대해서는 정신분석이 아니라도 종교에서 이미 '이웃을 자신의 몸처럼 사랑하라'는 이와 동일한 이야기들을 해왔습니다. 그러나 이것은 말하는 것처럼 그렇게 쉽게 실천할 수는 없는 것입니다. 두 번째 종류의 감정적 유대는 동일시를 통한 관계 형성입니다. 중요한 관심사를 공유하게 만드는 모든 것들은 공동체 구성원에게 감정을 부여하며 이와 같은 동일시를 유발시킵니다. 인간 사회의 구조는 거의 이것에 기반하여 구축됩니다 ……

문화가 유발하는 심리적 특성 중 가장 중요한 두 가지는 다음과 같습니다. 하나는 지적인 부분을 강화시켜 충동적 삶을 관할하게 만드는 것이고, 다른 하나는 공격적 갈망을 내면화하는 것입니다 — 이는 이득이 될 수도 있지만 위험할 수도 있습니다 …… 우리는 적어도 한 가지에 대해서는 확언할 수 있을 듯합니다. 문화의 발전에 기여하는 모든 것들은 동시에 전쟁에 반대하는 역할을 맡고 있다는 것입니다.

제 이야기들이 실망스러우셨더라도 교수님께서는 저를 이해해 주시리라 믿습니다. 늘 건강하세요.

1932년 9월[76세][2]

지그문트 프로이트 드림

삶 충동 대 죽음 충동

프로이트는 이 편지에서 이상한 주장을 편다. 정의와 폭력을 완벽하게 구분하는 것이 어렵고, 마찬가지로 에로스와 죽음 충동 역시 완벽하게 분리되지 않으며, 동일시라는 것도 어떤 경우에는 정의에 이바지하고 또 다른 경우에는 폭력에 기여한다고 말한다. 그는 무엇이 정의인가라는 질문을 제기한 후 정의 역시 폭력에서 기원한다는 점을 강조한다. 이것은 발터 벤야민의 폭력론과 그 주제와 주장이 동일한 부분이다. 힘을 얻은 공동체가 그들의 힘을 정의라 부르는 것이므로 그렇게 세워진 정의는 언제든 또 다른 공동체가 힘을 키우면 전복될 수 있다는 것이다. 감정적 유대가 충분히 강한 집단이 등장한다면 그들은 단결하여 자신들의 힘을 정의로 재정립할 수 있다는 뜻이다. 프로이트는 정의란 언제나 정의에 속하는 법의 규제를 받는 사람들을 전제하며, 만약 후자가 법을 불평등한 정의로 인식하는 경우, 모든 이들에게 평등한 사회를 구현하기 위해 다시 정의를 폭력으로 재정의하고 폭력으로 정의된 자신들의 힘을 정의로 세우고자 노력한다는 것을 지적한다. 프로이트는 이를 힘의 이동이라고 부른다.

우리는 법이 진정으로 모든 이들에게 공평하게 적용되는가에 대한 프로이트의 문제 제기를 조두순 사건을 통해서도 생각해볼 수 있다. 2008년 8세 아동을 성폭행 하고 영구적 상해를 입힌 조두순에게 법원은 술에 취해 있었다는 그의 진술을 참작하여 심신미약으로 12년형을 선고했고, 조두순은 형량이 무겁다며 항소와 상고를 한 반면 검찰은 이 사건의 항소를 포기했다. 또한 검찰은 진술 과정에서 녹화가 되지 않았다, 녹음이 되지 않았다, 소리가 작다는 등의 이유로, 성폭행을 당한 8세의 나영이에게 외상적 사건에 대해 수차례 진술을 반복하게 했다. 나영이는 당시 대장 전체를 절단하고 소장에 배변주머니를 연결하는 수술을 받았고, 2010년 인공항문 이식 수술을 받았다. 조두순은 피해자인 나영이가 20세가 되는 2020년 출소한다. 국민들은 나영이를 내 딸로 여겼고, 나영이가 당한 일을 내가 당한 일로 느꼈다. 피해자의 인권보다는 가해자의 인권을 더 중시하고, 피해자의 고통보다는 가해자의 변명에 더 귀를 기울이는 법원과 검찰에 분노했고, 아이의 수술 소식이 전해질 때마다 내 몸이 열리는 듯 아파하고 수술이 성공하길 소원했으며, 법원과 검찰이 고려하지 않았던 나영이의 정신적 고통에 공감했다.

프로이트는 한 사람이 다른 사람과 감정적 유대를 이루는 과정을 동일시라 부른다. 그것은 남의 일이 내 일이 되는 순간으로서 나와 무관하게 일어난 일이 내 마음속에서 재현되며 그 고통과 분노를 공유할 수 있게 되는 과정을 뜻한다. 프로이트는 그렇게 만들어진 공동체들이 단결할 때 법을 바꾸고 정의를 구현하고 새로운 세상을 만들 수 있다고 말한다. 이러한 삶의 방향성을 추동하는 동력이 바로 삶 충동 또는 에로스다. 프로이트는 에로스가 기능하기 위해서는 공격성이 수반돼야 한다고 말한다. 삶으로 나아가 폭력에 저항하고 평화를 수호하기 위해서는 최소한의 공격성을 띠어야 한다는 말이다.

프로이트는 인간을 움직이는 두 가지 본질적 충동을 삶 충동과 죽음 충동으로 구분하고 전자를 에로스, 후자를 공격 충동 또는 파괴 충동이라고 불렀다. 두 충동은 언제나 혼합된 형태로 나타나지만, 이론적으로 삶 충동과 죽음 충동을 구분하자면, 전자는 모으고 합하고 연대하는 방향으로 전진하는 충동인 반면 후자는 해체하고 분해하고 소멸하는 방향으로 후퇴하는 충동이라할 수 있다. 죽음 충동은 외면화되어 외부 대상에 대한 공격 충동으로 드러날 수도 있고, 삶 충동과 연대하여 에로스의 목적을 달성하는 데 기여할 수도 있다. 프로이트가 편지에서 설명하듯이 공격 충동이 내면화되면 근원적 죽음 충동과 또 다른 양상으로 기능할 수 있는데, 프로이트는 그것을 양심이라고 불렀다. 죽음 충동이 두 가지 방식으로 변화하는 것과 마찬가지로 삶 충동 또한 에로스와 성 충동이라는 두 가지 방식으로 정의 내릴 수 있다.

프로이트의 초기 이론에서는 인간의 경우에도 동물과 같이, 생명을 유지하기 위한 자기 보존 충동과 종족을 보전하기 위한 성 충동이 태어날 때부터 삶의 기본 축으로 설정되어 있다. 그는 자기 보존에 관련된 조직을 자아라 불렀고 그 반대편에 섹슈얼리티가 있다고 여겼다. 그러나 자기애라는 개념을 정립해가는 과정에서 프로이트는 자신이 자기 몸을 사랑하는 것이 가능하다는 사실을 깨닫고, 더는 자아와 성을 이전과 같이 구분할 수 없게 된다. 여기서 등장하는 두 번째 정신의 축이 바로 삶 충동과 죽음 충동이다. 그것은 인간이 자신의 삶을 움직여가는 내면의 축을 의미한다.

그렇다면 삶 충동에 속하는 에로스와 성 충동은 어떻게 다를까? 앞에서 설명한 대로 에로스는 삶의 방향을 향해 감정적 유대를 이루어나가는 에너지다. 반면 성 충동은 그 속에 에로스적 요소가 강할 때는 개인의 삶을 윤택하게 만드는 사랑으로 이어지지만 그것이 파괴 충동의 지배를 받게 되면 절멸의 방향성을 띠게 될 수도 있다. 그러한 성 충동을 길들이는 것이 바로 승화이며, 프로이트는 승화를 문화가 지니는 기능의 일부로 간주한다. 즉 야만의 상태에서 인간을 구원하는 것이 문화이며, 그것만이 전쟁, 범죄와 같은 절멸의 방향성을 막을 수 있다는 것이다.

앞에서 설명했듯이 프로이트는 동일시도 두 가지 방식으로 정의한다. 나쁜 동일시는 공격 충동에 기여하는 감정들로 유대를 이룬 사람들 사이의 관계에서 쉽게 드러난다. 그것은 난민, 외국인, 다른 성에 대한 증오로 연대한 공동체가 만들어지는 원리로서 잘못된 동일시, 미숙한 동일시라 할 수 있다. 이와 달리 삶의 충동을 향해 정향된 좋은 동일시는 타인의 고통에 공감하고 폭력에 저항하는 감정적 유대를 말한다. 프로이트에 의하면 동일시는 인간관계를 형성하는 근본원리이며, 문화를 향한 전진을 위해 정신분석이 제안하는 가장 중요한 이론이다. 프로이트가 자아, 이상적 자아, 자아 이상, 초자아 등을 통해 설명하는 이상적 동일시는 좋은 동일시, 바람직한 감정적 유대를 뜻한다. 프로이트는 그것만이 전쟁을 막을 수 있는 인류의 무기라고 강조한다. 아마도 그것만이 범죄를 막을 수 있는 사회의 무기이기도 할 것이다.

문화와 동일시

개인의 공격성을 길들이는 문화[3]

프로이트는 『새로운 정신분석 강의』 제32강 「불안과 충동적 삶」에서 인간 공동체를 위협하고 그 생존을 위태롭게 만드는 충동이 있다는 점을 강조하며, 개인은 사회 구성원이 되기 위해 자신의 공격성을 억제해야만 한다고 말한다. '인간은 선한 존재로 태어나는가?'라는 질문에는 충동의 발현을 보건대 그렇게 말하는 것이 가능하지 않을 듯하다고 답하며, 충동을 중심으로 한 동물적인 삶을 인간화하는 것이 바로 문화라고 설명한다. 이러한 프로이트의 정신분석학은 사실 야만에서 문화로 나아가는 과정을 이론화했다고 해도 과언이 아닐 것이다.

앞에서 설명했듯이 프로이트는 자신이 문화를 향한 방향성을 설명하기 위해 첫 번째 구도로 제시했던 자기 보존 대 섹슈얼리티, 즉 자아 충동 대 성 충동이라는 구분이 잘못된 것이었다고 고백한다. 그는 초기에, 성 충동을 길들이는 방법은 그 목적과 방향에 영향을 주는 자아 충동을 강화하는 것이라고 단순하게 생각했다. 그러나 그가 생각했던 것처럼 둘은 그렇게 뚜렷이 구분되지 않았다. 자기애와 같이 자아 속에 이미 성적인 충동이 내재되어 있었던 것이다. 그렇다면 인간의 문화를 퇴보시키는 동물적 충동 대 문화를 어떻게 정의해야 할까?

프로이트는 성 충동이 그 목적과 대상이 확장되어 대양적 감성을 띤 에로스로 변할 수 있다는 것과, 자신과 세상을 파괴하는 충동이 인간 내부에 존재한다는 사실에 대한 관찰을 토대로 절멸의 방향성과 삶의 방향성으로 정신의 대극을 재정의한다. 그것이 바로 에로스와 타나토스, 즉 삶 충동과 죽음 충동이다. 전쟁을 거치며 그는 파괴적이고 공격적인 충동, 즉 죽음 충동이 존재한다는 사실을 재확인할 수 있었으며, 인간다워진다는 것은 그러한 파괴력을 통제하고 그 에너지를 다른 목표로 전환하는 능력이라고 여기게 된다.

이 여정에서 그에게 가장 중요했던 개념은 자아다. 자아란 개인의 성격을 구성하는 내부의 중심 조직으로서 그것은 어떤 종류의 사회화도 거치지 않은 도발적 충동이 외부 대상들을 만나며 사회화되는 과정에서 구성되는 조직체다. 내부와 외부가 만나는 지점에서 자아가 탄생하며, 이 지점을 지나 자아가 세상과 맞닿게 되면 충동의 혼돈이 있던 그 부분에 규칙이 만들어진다. 어떤 일들은 가능하고 또 다른 일들은 실행하는 것이 가능하지 않게 되는 것이다. 그렇게 자아라는 조직체에 의해 외부에 대한 고려가 시작된다. 한편 프로이트는 제어되지 않은 충동의 에너지로 가득 찬, 혼돈 그 자체인 영역을 이드라 불렀다. 그것의 대부분은 부정적인 특성을 띠고 있는데, 프로이트는 그것을 "어두운 영역"이라고 설명한다. 이드에는 가치와 선악의 구분이 없다. 어떤 타협도, 어떤 문화도 존재하지 않는 영역으로서 쾌락에 의해 지배되는 이드가 세상을 만나며 그 표면이 자아로 조직된다.

　자아란 세상의 이미지가 내부로 동화되어 각인되는 영역이므로 이제 통제되지 않던 충동들 위에 서사가 쓰이기 시작한다. 어머니와 아버지, 가족, 최초 양육자의 사랑은 그렇게 혼돈으로서의 에너지에 처음으로 서사의 길을 내게 된다. 특정 대상에게 에너지를 전달하고 그에 대해 응답받으며 서사가 만들어지는 것이다. 여기서 서사란 인간과 인간 사이의 관계를 구성하는 이야기로서 누구의 아들, 누구의 엄마와 같은 인간관계와 어머니의 브로치, 딸의 옹아리와 같은 관계 속 세부들을 모두 아우르는 말이다. 한마디로 그것은 '의미'의 생성이라 할 수 있다. 어떤 사람이, 그리고 그 사람과 관련된 세부가 중요해지는 것이다.

프로이트는 아이가 인간이 되는 문화화 과정을 오이디푸스 콤플렉스의 해소라는 개념으로 설명했다. 그것은 외부의 이미지를 내부로 받아들이는 과정을 뜻하며, 본질적인 두 단계로 구성된다. 첫 번째는 진정으로 원하는 대상과의 만남이다. 그 대상의 상실을 두려워하게 될 만큼 대상이 의미를 가지려면 그 대상은 내가 사랑하는 대상이어야 한다. 사랑하는 대상이 사라졌을 때 아이는 불안과 괴로움을 느끼며, 어쩔 수 없는 그 상황을 어떻게든 견딜 만한 것으로 만들기 위해 노력한다. 즉 대상의 부재 상태에서도 그 사랑을 간직하는 연습을 시작하는 것이다. 이것은 외부에 있는 실제 어머니가 자신의 내부에 있는 대상으로서의 어머니로 변화하는 과정이다.

두 번째 단계는 아버지의 금지를 받아들이는 과정이다. 아버지로 대표된 이 대상은 어머니가 했던 역할과는 달리 세상의 규칙을 전달하는 역할을 맡는다. 아버지와의 관계를 통해 아이는 해도 되는 것과 하면 안 되는 것들의 목록을 내면화한다. 프로이트는, 어머니라는 외부 대상과 감정적 유대를 형성하는 과정에서 자아의 중요한 부분이 조직된다면, 아버지와의 만남은 하나의 자아가 또 다른 자아를 대면하는 과정을 촉발시킨다고 설명한다. 자아가 동일시하여 내면으로 동화시킨 아버지의 자아는 초자아라는 이름으로 자아를 감시하고 견제하게 된다. 초자아의 역할은 이드의 요구를 더욱 적극적으로 금지하는 것이다. 이전에 자아가 타협을 통해 이드의 혼란을 수습하려 했다면 초자아는 규제하고 통제함으로써 자아를 돕는다. 물론 그러한 통제는 외부 대상을 동일시하여 내면화한 것이므로 초자아는 자아에게 매우 가혹한 조직이라 할 수 있다.

여기서 프로이트가 강조하는 것은 초자아가 아닌 자아다. 그는 오히려 자아를 지나치게 몰아세우는 초자아의 경직성에 대해 경고한다. 자아는 이드와 같이 외부를 무시하지도 않으며, 초자아와 같이 외부에 복종하지도 않는 조직이다. 자아는 내부와 외부를 조절하며 관계 속에서 온전한 자신이 되어갈 수 있는 기반이 된다. 그는 책의 제31강 「인간성의 해부」를 마치며 정신분석의 목적은 "자아를 강화하는 것"이라고 강조한다. 자아는 가능한 한 초자아로부터 독립적일 수 있을 만큼 강화되어야 하며, 더욱 넓은 세상을 만남으로써 한층 더 조직화되어 이드의 부분들을 동화시킬 수 있게 분화되어야 한다. 그는 통제되지 않던 충동이 있던 곳에 문화의 꽃이 피어나도록 힘써야 한다고 강조한다. 이것이 바로 프로이트가 제시하는 전쟁과 범죄를 막는 길이다.

동일시의 대상들

프로이트는 『집단심리학과 자아의 분석』 제7장 「동일시」에서 동일시란 다른 사람과의 "감정적 유대"를 뜻한다고 세 번이나 강조한다. 나와 상관없는 외부의 대상이 내 일부가 되는 과정이 바로 동일시다. 가장 이상적인 동일시는 물론 프로이트가 전쟁을 막는 무기로 간주한, 전 인류를 하나로 묶는 감정적 유대이다. 그러나 국제연맹이나 국제연합 등 어떤 지구상의 공동체도 프로이트와 아인슈타인이 이상으로 그린 인류적 화합을 달성하지는 못했다. 개인 간의 관계에서도 완벽한 감정적 유대란 존재하지 않는다. 상대방의 마음을 온전히 이해하고 그를 그 자신보다 더 잘 아는 것, 그것이 가장 이상적인 감정적 유대일 테지만, 인간 대부분은 이 경지로 나아가지 못한다.

정신분석은 분석가가 환자를 환자 자신보다 더 잘 이해하는 상황을 이상으로 삼는 치유의 학문이기에, 공동체가 아닌 개인에 초점을 맞추고 있음에도 언제나 인류의 화합을 향한 진정한 동일시를 지향하게 된다. 정신분석의 마지막 목표는 개인들이 자기애적인 폐쇄 공간을 넘어 남과 함께 살 수 있게 되는 것이며, 개인은 그 공간에서 온전한 자신으로서 자신의 욕망을 추구하여 한 사람의 전문가로 탄생할 수 있다. 자신의 장단에 춤추며 오롯

이 한길로 나아가는 여정에서 그는 수많은 사람들을 만나고 그들과 교류하게 된다. 이것이 정신분석이 휴머니즘이라고 말해도 되는 이유다. 그 끝에는 항상 '사람'이 있다. 서로 손을 맞잡은 전문가들의 세상, 그것이 바로 프로이트가 꿈꾼 진정으로 치유적인 세상이 아닐까?

이와 같은 가장 이상적인 상태로 나아가기 위한 출발점은 아이를 세상에 연결시키는 최초 양육자와의 동일시로서 그것은 인간성을 획득하는 첫 번째 동일시다. 프로이트는 우리가 사람과 동일시할 수도 있고 행동과 동일시할 수도 있으며 사람 이외의 사물이나 생물과 동일시할 수도 있다고 말한다. 즉 아이는 어머니 또는 보호자의 역할을 맡은 최초 양육자와 동일시하거나, 아버지 또는 금지의 역할을 맡은 사람과 동일시하거나, 어머니/아버지의 일부분과 동일시하거나, 어머니/아버지의 감정과 동일시할 수도 있으며 또는 훗날 사물이나 생물이 어머니/아버지와 동일시될 수도 있다. 물론 어머니, 아버지의 역할이 분리되지 않는, 최초 양육자의 사랑과 금지의 역할을 함께 수행하는 양육자도 있다.

각자가 최초 양육자와 동일시한 경험을 떠올려보자. 부모의 행동과 말을 따라 하는 경우 외에도 아버지의 기침을 동화하여 내가 기침을 한다거나, 어머니가 감기에 걸려 가래 끓는 목소리를 내게 되었을 때 내가 어머니 대신 자꾸 헛기침을 하며 목을 다듬은 기억도 있을 것이다. 슬픈 어머니를 평생 봐왔다면 어느 날 거울 앞에 섰을 때 문득 내 얼굴 속에서 슬픈 어머니의 모습이 보일 것이다. 부모님의 부재 상태 또는 부모님 사후에 그들과 관련된 사물을 간직하거나 소중히 다루는 것은 그 사물이 부모님을 뜻하기 때문이다. 함께했던 활동이나 같이 갔던 장소가 그들을 의미하게 되기도 한다. 이렇듯 서로 다른 둘을 감정적 유대로 묶는 것은 모두 동일시의 역할이다. 충동의 덩어리 그 자체인 아이가 웃고 표현하고 말하는 모든 행동은 언제나 외부와의 소통에 의한 배움의 결과다.

입 주위에 억제되지 않는 충동이 모여드는 시기를 프로이트 정신분석학에서는 구순기라고 한다. 이 시기에 아이는 어머니의 젖을 빨거나 어머니에게 안겨 우유를 먹으며 젖/우유라는 외부 물질을 내부로 받아들인다. 프로이트는 대상을 섭취함으로써 그것과 하나가 되는 식인 행위를 언급하며 이 역시 동일시의 과정에 속한다고 말한다. 내 빈 부분에 양육자의 일부가 들어오며 내가 채워지는 것이다. 아이는 아직 내 몸과 양육자의 몸을 확실히 구분할 수 없지만, 양육자의 냄새와 체온 속에서 위장이 채워지는 느낌을 받으며 혼돈 그 자체였던 에너지의 일부가 안정된 길에 들어서는 느낌을 받는다. 프로이트는 그것을 에너지의 발달

단계를 거치며 아이가 성장해가는 과정이라고 설명한다. 방향성 없던 에너지에 길이 난다는 말은 아이의 인생에 중요한 대상이 생겼다는 것을 뜻한다. 에너지가 대상을 향해 흐르며 내부의 혼돈이 어느 정도 정리된다.

그렇다면 이 경험을 할 수 없는 사람들은 충동의 혼돈 속에서 평생을 살 수밖에 없는 것인가? 물론 생의 초기에 이 과정을 거칠 수 있다면 가장 이상적이겠지만, 그렇지 않은 경우라도 이후에 그 과정을 대체하는 경험을 통해 유사한 발달단계를 성취할 수 있다. 빅토르 위고의 소설 『레미제라블』은 어둠 속에서 생활하던 비참한 인간이 한 신부를 만나며 삶의 새로운 서사를 쓰게 되는 이야기다. 그에게 촛대가 중요한 것은 그 사물이 신부님의 사랑을 뜻하는 대상이기 때문이다. 프로이트는 동일시를 자신이 따르고 싶은 사람의 특성을 모델 삼아 자신의 자아를 주조하는 과정이라고도 설명한다. 우리는 그 사람을 멘토라고 부른다. 그 대상을 마음에 품으면 더 이상 혼자가 아니다. 그것은 어머니의 체온과, 위장 속으로 들어오는 따뜻한 모유를 대체하는 대상이다. 자아는 위장이 모유를 받아들이듯 대상의 이미지로 자신의 일부를 채운 후, 내 안에서 대상과 대화를 시작한다. 더욱 많은 멘토들을 만난다면 내 자아는 더욱 풍요로워질 것이다. 프로이트는 이웃을 사랑하라는 종교의 가르침은 특정 인물과의 동일시

멘토르와 텔레마코스

호메로스의 『오디세이아』는 오디세우스의 아들, 텔레마코스의 성장기로 시작된다. 20년간 어머니의 구혼자들이 득실대는 집에서 아버지 없이 홀로 자란 그는 자신감도 없고 정체성도 없는 나약한 젊은이다. 그런 텔레마코스가 온전한 자기 자신을 되찾고 성장하도록 이끄는 존재가 바로 멘토르다. 그는 멘테스와 마찬가지로 청년에게 집을 떠나 아버지의 생사를 직접 확인하도록 조언하고, 이 여정에 동행하며, 낯선 곳에서 주눅이 든 그에게 용기를 준다. 이 과정에서 텔레마코스는 아버지에 겨룰 만한 어엿한 성인으로 성장한다. 멘토르는 아테나 여신이 변신한 형상이었으며, 멘토라는 말은 멘토르의 이름에서 비롯된 것이다.

가 아니라는 점에서 동일시의 목록에서 배제하지만 사실 이 경우도 동일시에 포함될 수 있다. 훗날 그 역시 『인간 모세와 일신교』를 집필하는 시기가 되면 이 사실을 인정한다. 그 이유는 종교와의 동일시가 언제나 특정 인물을 매개로 이루어지기 때문이다. 그것은 종교 자체와의 동일시가 아니라 내가 읽은 책, 친구, 스승, 종교인 등 구체적인 대상을 매개로 진행되는 동일시다.

물론 위험은 도처에 산재해 있다. 우리가 좋은 동일시의 대상인 멘토뿐만 아니라 우리의 마음이 닿는 모든 것과 동일시하기 때문이다. 행복한 어머니와 더불어 슬픈 어머니와 동일시하고, 나를 안던 아버지와 더불어 폭력적인 아버지가 내 안으로 들어오지 않는가. 한편 프로이트가 우울증의 과정으로 설명했던 동일시의 사례도 있다. 예를 들어 세상을 떠난 이가 자아 속으로 들어오는 경우 그 대상의 그림자가 자아 전체를 뒤덮기도 한다. 애도란 잘 보내는 과정인데, 그 사람을 잘 보내는 대신 상실한 대상에 의해 자아가 파괴되기도 하는 것이다. 이를 막기 위해서는 자아 속에 이 파괴의 과정에 맞서 싸울 수 있는 목소리가 존재해야한다. 자아 위에 대상의 그림자가 드리우고 자아가 모든 에너지를 세상으로부터 거두어들이려 할 때 그래서는 안 된다고 말할 또 다른 대상이 있어야 한다. 삶의 방향으로 전진하기 위해 자아 속 대상들 사이에서 대화가 시작되는 것이다.

프로이트는 『집단 심리학과 자아의 분석』에서 아버지의 금지를 동일시한 자아를 자아 이상이라고 불렀다. 그리고 2년 후 자아, 이드, 초자아라는 개념들이 구성되며 자아 이상은 초자아로 불리게 된다. 내부로 들어온 부모의 목소리를 잘 알려진 단어로 바꾸면 양심이다. 양심 역시 초자아의 일부에 속한다. 양심은 에로스와 죽음 충동이 혼재해 있는 조직이다.

우리의 자아 속에는 혼내는 아버지와 함께 온화한 아버지, 이해하는 아버지도 존재한다. 그러한 역할을 맡았던 이가 존재한다는 뜻이다. 내 몸을 사랑의 온기로 채운 양육자, 또는 내 정신을 동일한 온기로 감싼 멘토의 모습도 들어 있을 것이다. 멘토의 가르침은 사회의 규율을 각인시키는 아버지의 역할과는 다른 기능을 수행한다. 이 모든 부분들이 연합하여 좋은 동일시로서의 감정적 유대를 내 안에서 되살린다면 자아는 자신에게 해가 되는 부정적인 동일시의 산물들을 극복할 수 있게 된다. 그러나 만약 어떤 좋은 동일시도 경험하지 못한 채 충동의 혼돈이 길을 찾지 못하는 경우라면 어떤 일이 일어날까? 우리는 그 끔찍한 결과를 다음 사례를 통해 생각해볼 수 있을 듯하다.

[살인 충동이라는
지하 감옥]

충동의 혼돈[5]

해가 되는 동일시에 대해 이야기해보자. 반복적으로 심리적 학대와 신체적 학대를 당할 때 피해자는 그러한 고통을 가하는 가해자의 모습을 지속적으로 마주하게 된다. 눈이 마주치는 외부의 모든 것들은, 특히 그것이 자극으로 느껴질 때, 더욱 수월하게 내부에 각인된다. 이때 피해자가 감정적 유대를 맺는 것은 학대를 당하는 자신의 모습 그 자체이다. 그러나 이와 함께 가해자의 그림자가 자아 위에 드리운다. 자아 속에는 상처 입은 내 모습과 가해자의 이미지가 함께 담긴다. 즉 피폐해진 자아 속에 가해자의 모습이 함께 각인되는 것인데, 이렇게 내부로 들어온 가해자의 형상은 자아의 한 부분에 머문다. 그것은 혼돈 그 자체인 충동과 동일한 어둠의 심연으로서, 좋은 동일시를 통해 자아 속에 비축된 대상들의 도움으로 분해해야 하는 대상이다. 그러나 만약 그 형상이 어떤 치유의 길도 찾지 못한 채 죽음 충동으로부터 에너지를 받게 되면 그것은 자아 전체를 위협할 수도 있다. 어떤 때는 피해자가 가해자로 돌변하는 파국적 결과를 맞기도 한다.

정남규는 2004년 1월부터 2006년 4월까지 13명을 살해하고 20명에게 중상을 입히는 극악한 범죄를 저질렀다. 그는 체포된 후 2007년 4월 사형이 확정되었으며 수감 중이던 서울구치소에서 2011년 자살했다. 그는 검거 당시 "완전범죄는 끝났다"라며 어떤 죄의식도 보이지 않았다. 그는 신이 자신을 돕지 않았으며 재수가 없어서 검거되었다고도 말했다. 2004년 1월 미성년자 2명을 성추행 후 살해한 사건 역시 그의 범행으로 밝혀졌다. 정남규는 면접 조사에서 10살 무렵 한 남성에게 성추행 당한 경험이 있었고, 그 경험이 자신에게는 가장 충격적인 사건이었다고 말했는데, 성추행의 피해자였던 그가 훗날 가해자로 변모한 것이다. 정남규는 옥중 편지에서 "전과자 인생이 괴로"웠다고 말하며 사회가 자신을 외면했다고도 쓰고 있다. 또한 자신이 당한 지속적인 폭력에 대해 언급하며 "가해자가 피해자를 낳고 피해자는 다시 가해자가" 된다고도 말한다. 즉 어린 시절에 당한 성추행과 반복적인 집단 폭행에 의해 결국 자신이 가해자가 되었다는 것이다.

가장 많이 본 것을 내면으로 동화하고 그것을 학습하게 될 수도 있다는 것은 그의 말이 맞다. 그러나 그에 관한 다음의 사실들을 감안한다면 위의 이야기들은 범죄자가 고백한 내면이라기보다는 정남규가 제시한 하나의 공식처럼 느껴진다. 그가 그러한 말들을 아무 느낌 없이 모방하는 듯 보인다는 말이다. 그는 "저는 선과 악의 개념을 못 느꼈어요"라고도 쓰고 있다. 정남규의 국선변호인은 《그것이 알고 싶다》와의 인터뷰에서 "웃는 걸한 번도 본 적이 없는 것 같아요"라고 말했고, 당시 영등포경찰서 강력팀 팀장은 정남규가 "거의 무표정"이었다고 전한다. 또한 정남규는 조사 과정에서 1,000명을 죽이고자 했다고 말하거나 "죽이고 싶었다"라고도 말했다. 그는 자신의 기사를 모으거나 프로파일러의 인터뷰를 스크랩하기도 했으며 수십 장에 걸쳐 건강과 관련된 지식들을 메모하기도 했다. 정남규의 메모에는 "면역력을 강화하고 질병을 개선하는 데는 피아노협주곡 23번 1악장이 좋다 …… 호박 같은 경우에는 일반 식품에서 얻기 어려운 아연, 망간 등 미량원소가 많다 …… 발목을 삐어서 통증이 있을 때는 복숭아뼈 근처의 곤륜, 삼음교를 지압하면 좋다"와 같은 내용이 적혀 있었다.

그가 메모한 내용들이 정상적인 사람과의 이야기가 있어야 하는 곳을 채우고 있다. 그것은 정신병의 망상에서와 같이, 정상적인 동일시를 통해 충동이 변형되는 오랜 과정을 거치지 않고 인공적으로 단시간 내에 서사를 만드는 방식이다. 다시 말하면, 감정적 유대를 통해 감정과 이야기를 배워가는 과정에서 쓰여야 할 삶의 서사를 맥락 없이 망상을 조직하는 것과 같은 방식으로 만들어내고 있다는 뜻이다. 사랑하는 사람의 품에 안겨 있던 경험에서 배운 진정으로 행복한 웃음이 아니라 실제 대상과 서사 없이 그러한 웃음을 기계적으로 흉내 내는 인위적 과정이 일어나고 있는 것이다. 이와 같은 약한 동일시는 충동의 혼돈에 길을 낼 수 있을 정도의 강력한 경험으로 각인되지 못한다. 예를 들어 텔레비전이나 영화에서 보았던 것, 신문에서 읽은 것은 그것이 연계될 만한 자아 내부의 이미지들이 없다면, 힘없이 흩어지게 된다. 안정적인 동일시와 자아의 분화는 양심이라는 조직을 만들어내는데, 이러한 정상적인 분화 과정이 없는 경우 그는 죄의식을 느낄 수 없다. 일반적인 발달 과정에서는 삶의 서사와 맥락이 에너지를 정향하며 충동의 혼돈이 안정된다. 그러나 그러한 안정화 과정이 존재하지 않는 경우에는 스스로 인공적인 삶의 맥락을 구성해내야만 한다. 자신의 기사를 스크랩하고 프로파일링을 공부하거나 건강에 대한 정보를 모으는 것은 모두 정남규가 사람의 손길 없이 삶의 이야기를 만드는 왜곡된 방식이었을 것이다.

정남규는 1989년 특수강도로 징역 2년 6월, 집행유예 4년을 선고받았으며, 1994년 절도 및 도교법 위반으로 징역 8월, 집행유예 2년, 벌금 20만 원을 선고받는다. 그러나 1995년 집행유예 기간 중 성폭력, 절도 등의 범죄로 징역 2년 6월형을 구형받는다.[6] 범행 주기가 점점 짧아지고 있다. 이와 같은 속도를 감지할 수 있었다면 이 시기에는 누군가 반드시 개입해야 한다는 것을 알 수 있지 않았을까? 만약 그렇게 하지 못하면 그 이후 강력범죄를 저지르게 될 확률이 높아진다는 점을 쉽게 예측할 수 있지 않은가?

변곡점이 될 만한 1995년 무렵, 그는 공주 치료감호소에서 망상형 정신분열병으로 진단받는다. 그러나 그의 사례를 정신병자의 사례로 볼 수는 없을 듯하다. 조현병과 같은 정신병에서 망상이라는 인위적인 맥락을 만드는 메커니즘은 정남규가 자신을 중심으로 서사를 만드는 방식과 동일하지만, 정남규 사례와 달리 정신병은 동일시의 실패조차 나타나지 않기 때문이다. 즉 어떤 동일시도 존재하지 않는 때 정신병의 구조가 만들어진다고 할 수 있다. 그래서 정신병의 경우에는 정남규 사례에서처럼 스스로 자신의 삶이 실패하는 지점을 분석하거나, 다른 현재를 만들 수도 있었을 과거의 지점들에 대해 안타까운 마음을 가지지는 못한다. 정신병에서는 더욱 근본적인 망상의 체계가 필요하다. 예를 들어 그 이면에 폭력적인 신 등, 행동의 동기가 되는 대상과 그러한 대상의 가혹한 명령이 등장하는 것이다.

정남규는 견딜 수 없는 충동에 대해 자주 호소했다. 살인을 해야만 하는 충동이 느껴진다는 것이다. 정남규는 살인 대상으로 1순위 젊은 여자, 2순위 여자 어린이, 3순위 남자 어린이, 4순위 30대에서 50대에 이르는 여자를 정해놓고 있었다. 또한 변호사에 따르면 그는 "살인을 하고 나면 정신이 맑아지고 만족감을 느꼈으며 우울감과 갈등이 사라졌다"고 말했다. 혼돈으로서의 충동을 길들일 수 있는 어떤 종류의 동일시나 감정적 유대도 부재했다는 것을 알 수 있는 대목이다. 이때 혼돈에 맥락을 부여하는 왜곡된 방법은 혼돈 그 자체를 서사화하는 것이다. 이렇게 되면 충동에 의해 자아가 제압되며 감각과 사고가 조종당한다. 정남규는 범행 후 방화를 통해 "그 집이 활활 타는 것을 보면서 황홀감 내지는 쾌감을 느꼈다"고 말했으며 피 냄새에서 향기가 난다고도 말했는데, 그 감각은 충동의 혼돈이 그대로 표현된 증상이라 할 수 있다.

그는 감옥에서 쓴 편지에서 공주 치료감호소에 있을 때 "살인 충동을 느낀다"고 분명히 호소했지만 도움을 받지 못했으며 만약 그때 자신의 충동을 제압할 수 있었다면 그러한 범죄를 저지르지 않았을 것이라고 말한다. 그는 편지에서 당시 전과자로서의 인생이 힘들었고 "꼭 희망이 생겨서" 잘살게 되었으면 하고 바랐었다는 말도 덧붙였다. 그러나 그는 혼돈에 대한 대책을 마련할 수 없었으며, 어떤 도움도 받지 못한 채 연쇄살인범이 된다. 그는 "살인을 참는 것"이 담배를 끊는 것보다 훨씬 어려웠으며 "며칠 굶은 것처럼 마음이 늘 허기졌다"고도 말한다. 그것에 대해 그는 "강한 나의 무의식을 잠재우기"란 매우 어려웠으며 "무의식은 매우 위협적"이고 마치 "지하 감옥"과 같이 느껴졌다고 적었다. 책을 통해 그러한 무의식이 "항상 의식을 압도한다"는 것을 배웠다고도 하는데, 여기서 그가 말하는 무의식은 자아에게 힘을 실어주는 어떤 종류의 유익한 동일시도 존재하지 않는 혼돈 그 자체로서의 충동을 의미한다. 정남규는 "본능과 감정에 따라 움직였을 뿐"이라고 말한다.

감정적 유대가 자아에 각인되어 있지 않은 사람들의 경우, 이와 같은 충동을 억제하고 길들이는 방법을 배우지 못하게 된다. 진정한 동일시의 기회가 주어지지 않았으므로 외부의 서사를 이해하지 못한 채 기계적으로 모방할 수밖에 없는 것이다. 어떤 새로운 외부 정보도 주어지지 않은 상태에서 일반 사람들처럼 감정을 느끼는 것은 불가능하다. 그렇다면 어떤 방법이 있을까? 물론 답은 다시, 감정적 유대를 형성하는 동일시다.

사형수의 아버지가 된 교도관

1994년 검거되어 1995년 전원 사형에 처해진 지존파 사건과 관련하여 그들이 낭떠러지 부근에서 현장검증을 진행한 후 전하는 일화가 있다.[7] 그들은 현장검증 시 낭떠러지에서 경찰 "몇 명을 끌어안고 뛰어내리려" 결심했으나, 그렇게 할 수 없었다고 말한다. 그 이유를 묻자 그들은 "당시 서초경찰서 형사들이 따뜻하게" 대해주었으며 "태어나서 그런 따뜻한 대우는 처음 받아봤"기 때문이라고 답한다.

《동아일보》 기자와의 인터뷰[8]에서 고중렬 전 교도관은 정남규의 자살에 대해 안타까운 마음을 전했다. 변화의 기회를 얻지 못한 채 죽었다는 것이다. 그는 "사회에선 사형이 확정될 당시의 극악무도한 모습만 기억하지만 한 해 한 해 변해가는 사형수를 지켜보는 교도관들은 형을 집행하며 양심의 가책"을 느낀다고 말했다. 그는 20년간 200여 명의 사형수들이 사형 당하는 모습을 보았으며 퇴직 후에는 사형 폐지를 위해 노력했다. 또한 사형수 교화담당으로 그동안 만났던 사형수들의 이야기를 책으로 펴내기도 했다.《한국일보》 기자와의 인터뷰[9]에서 그는 수첩 하나를 보여주었는데, 거기에는 자신이 교화에 힘썼으나 사형된 63명의 이름이 적혀 있었다. 천주교 신자인 그는 그들을 위해 매일 연미사를 드리고 있었다. 그는 "늦어도 5년이면 다 참회하고 달라집니다. 사형수가 죽여 달라고 하는 건 뉘우치고 있지 않다는 방증이에요. 오히려 사형 집행이 사형수를 도와주는 꼴이죠"라고 말했다. 그가 말하는 '교화'란 좋은 동일시를 도모하여 충동에 의해 지배되는 삶에 방향성을 제시하는 과정이라 할 수 있다.

고중렬 전 교도관이 지은 『사형장의 황혼(상)』[10]에는 아무 상관없던 남이 자아 속에 각인되는 좋은 동일시의 사례들과 변화의 과정들이 소개된다. 「13화 어느 소녀의 편지」의 사연은 가명으로 소개되는 한 사형수가 1963년 5월 10일 한 여학생에게 편지를 받으며 시작된다. 천주교 신자였던 소녀는 학교 선생님에게서 사형수의 이야기를 듣고 1963년 5월부터 며칠 간격으로 1966년 사형이 집행된 다음 달 5월 16일까지 편지를 쓴다. 특수강도·시체 유기 및 공갈미수로 사형선고를 받은 그에게 소녀는 편지와 함께 시와 잡지와 음식과 돈을 보낸다. 고중렬 교도관은 이에 대해 그가 "세상에 태어나 달리 겪어볼 수 없던 눈물겨운 체험을 하고 있었다"고 설명한다. 1964년, 사형수는 변하고 있었다. 고중렬 교도관은 그의 변화에 대해 "그는 한 방의 동료들에게 제 밥덩이를 나누어주는가 하면 병이 나면 의무과에 재깍[11] 알려 걱정을 해주고 하는 등 …… 사랑을 베푸는" 행위를 실천했다고 말한다. 소녀의 편지와 선물은 끊임없이 계속되었다. 사형수가 몸이 불편하다는 소식을 전했을 때 그녀는 편지에서 "얼마나 걱정을 했는데요. 각별히 몸조심하세요. 결코 자포자기하시는 일은 없으시겠지요? 내일 어떻게 될 값이라도 그 끝 순간까지는 자중자애하세요"라고 썼다. 그는 소녀에게 책을 부탁하기도 하고, 기도하는 법을 배우기도 했다. 그는 영세도 받았는데, 책에는 사형수의 마지막이 다음과 같이 묘사된다.

나는 구치과로부터 기어이 소식을 듣고 말았다. 부랴부랴 서둘러 김병기 신부님을 찾았으나 김 신부님은 공교롭게도 그 시간에 어느 교우 집에 종부성사를 가 있었다. 공군본부 종군감에 연락해 보았다. 그러나 김치삼 신부에게 좀처럼 통화가 되지 않았다. 시각은 시시각각 다가오는데 다이얼을 아무리 돌려도 신호가 떨어지지 않았다. 초조와 안타까움으로 입술이 탔다. 나는 하는 수 없이 끝내 수화기를 털컥 놓아버리고는 혼자 형장으로 달려갔다. 두 교도관에 의해 천천히 형장에 들어서던 그는 독백하듯 혼자 중얼거리고 있었다.

"들려 줄 이야기가 많아요."

그는 소녀에게서 받은 그 편지의 마지막 구절을 생각하면서 끝내 그에 대한 답장을 못하고 떠나는 안타까움을 그렇게 중얼거리고 있었던 것이다 …… 신부님을 모시지 못한 안타까움에 나는 몸 둘 바를 모른 채 애를 태우고 있었다 …… 그는 천천히 입을 열었다.

정신분석은 휴머니즘이다

"대부님!"

그것은 마치 내 안타까움을 진정시키기라도 하려는 듯한, 마치 오히려 나를 위안하려는 듯한, 그러한 부름이었다 …… 그의 볼 위로 기어이 눈물이 흘러내리고 있었다. 바로 그때였다. 마치 기적과도 같이 김치삼 신부님이 뛰어 들어오셨다 ……

종교는 감정적 유대를 형성하는 이상적인 방식 중 하나다. 물론 위의 사례에서와 같이 이를 매개하는 사람이 있어야만 가능한 일이다. 종교에서 자아 내부에 형성되는 신의 상은 어머니의 사랑을 더욱 견고한 방식으로 대체하는 기능을 수행한다. 잘되길 기원하는 마음이 내 가족, 내가 속한 집단을 넘어 확장되는 것이다. 종교가 답이라는 뜻이 아니다. 이 사례에서 종교를 통해 수행된 동일시와 유사한 계기가 사회 곳곳에서 제시되어야만 한다는 말이다. 만약 정남규가 1995년 치료감호소에서 내면의 살인충동에 대해 호소했을 때, 그곳에서 이와 같은 동일시를 경험할수 있었다면, 또는 그러한 동일시로 나아갈 수 있는 계기를 얻을수 있었다면 어땠을까? 그의 연쇄살인을 막을 수 있지 않았을까?

2011년 10월 서울남부교도소 교정심리치료센터가 개원한 이래 2013년 1월 포항교도소, 5월 청주교도소, 11월 군산교도소, 그리고 2014년 밀양구치소에 교정심리치료센터가 문을 열었다. 또한 2012년 군산교도소 정신보건센터가 개소한 이래, 2013년 진주교도소, 2014년 의정부교도소에 이어 2015년에는 천안교도소 정신보건센터가 문을 열었다. 매년 많은 수의 심리 치료 전문가들이 배출되고 있으며, 최근 2016년 9월 5일에는 법무부 교정본부에 심리 치료과가 신설되었다. 만약 이 부서가 교정심리치료센터, 정신보건센터 및 심리 치료 영역과의 긴밀한 연계 속에서 적극적으로 전문가들을 투입하고 삶의 축을 재형성하는 과정을 체계적으로 조력할 수 있다면 앞으로 정남규의 사례와 같은 범죄는 예방할 수 있을 것이다.

우리는 전쟁을 막기 위한 프로이트의 고민에서 시작하여 범죄자의 충동에 서사의 길을 만드는 종교적 동일시까지 살펴보았다. 삶이 파괴되고 자아가 피폐해지는 과정을 어떻게 막을 수 있을까? 충동의 혼돈에 방향을 제시하고 좋은 동일시를 선물할 수 있는 방법에는 어떤 것들이 있을까? 어떻게 하면 개인들이 행복한 삶을 영위할 수 있을까? 이에 대해 이야기하기 위해 우리는 삶의 초기로 돌아가야 한다.

2

내 아이의
이야기

시간의 길은 항상 이 시기로 이어진다. 어린 시절에 문제가 되었던 부분들은 언젠가 다시 우리에게 돌아온다. 백지 같은 자아에 각인된 이미지들은 다른 동일시들이 그 영향을 상쇄하기 전에 어떤 방해도 받지 않고 그대로 아이의 마음에 새겨진다. 늘 슬픈 엄마, 폭력적인 아버지, 무시하는 부모, 학대하는 부모, 자신을 챙기지 못하는 부모, 늘 희생하는 부모, 집착하는 부모는 그들의 자아를 고스란히 아이의 내부로 전달한다. 학대를 당한 아이들의 마음속에 각인된 가해자의 모습은 현재의 학대가 끝난 다음에도 지속적으로 아이의 정신을 그 내부에서 파괴한다. 외부의 이미지를 마음속에 받아들이는 동일시의 당연한 결과다. 함

내 아이의 이야기

께 기뻐해주지 않는 부모에게 양육을 받았다면, 아이는 기뻐할 일이 생겼을 때 기뻐하는 이 당연한 일을 다른 누군가에게 새롭게 배워야만 한다. 완벽에 집착하는 부모라면, 아이의 마음속 목소리는 언제나 그가 모자라다고 다그칠 것이다. 이 목소리들을 극복하기 위해 그들은 인생에서 가장 먼저 형성된 축 자체를 바꾸는 어려운 여정을 시작해야만 한다.

당신의 아이는 잊지 않는다. 돌아가서 바꿀 수 없는 일이라면, 무시하거나 변명하기보다는 미안하다고 말한 후 현재의 변화된 모습을 보여주는 것이 바람직하다. 예전의 축에는 존재하지 않는 서사가 그 축과 이어지면, 문제 해결의 실마리가 보이기 때문이다. 갇혀 있던 기억이 열리면 앞으로 나아갈 수 있는 길이 생긴다.

무엇보다 어려운 것은 통제와 조절에 거리를 두는 일이다. 혹시 내가 아이를 내 소유물이라 여기고 있지는 않은가? 아이가 행복해지는 길을 내가 제일 잘 안다고 생각하는 부모는 아이를 소유물로 간주하고 있는 셈이다. 나 자신의 계획을 위해 아이가 가장 좋아하는 것을 희생하게 만들지는 않았나? 아이의 장래 희망이 마음에 들지 않아 그보다는 내가 생각하는 길을 걷도록 유도하지는 않았나? 내 계획 속에 아이의 삶이 구속되고 있지는 않나? 이 경우들에서 아이는 더욱 심하게 괴로움을 느끼게 된다. 자꾸 엇나가는 아이를 착하게 만들기 위해 혹시 의사를 찾아 약을 처방했는가? 진단으로 쉽게 병을 찾고 약으로 빨리 고치고자 했는가? 약에 취한 아이가 조용해졌을 때 다시 착한 아이가 되었다며 안도의 한숨을 내쉬었는가? 혹시 쉽게 시작한 약을 이제는 끊을 수 없게 되어버렸는가? 이 모두는 좋은 동일시에 의해 방어할 능력이 생기기 전, 방어 수단을 갖추지 못한 무력한 아이에게 행해진 폭력이다. 문제에 대한 치열한 고민과 소통이 없는 상태에서 그렇게 아이에게 가해진 폭력은 아이의 마음에 장착된 시한폭탄이다.

아이가 직면한 문제를 함께 고민하는 상담의 과정이 배제된 채 약에만 의존하는 경우 애초에 아이를 힘들게 한 문제는 더욱 심각해질 수밖에 없다. 물론 기질적인 원인에 의한 문제로서 약만으로 해결이 될 수 있다고 말하는 경우도 있겠지만, 이것이 정신과 치료의 기본 축이 되어서는 안 된다. 인간은 기계가 아니기 때문이다. 계산만으로 우리 삶의 모든 것들이 정해졌던가? 약이 변화의 가능성을 가로막는 피난처가 될 수도 있다. 약에 의존하고 문제를 회피하기 시작한다면 상황은 더욱 악화될 것이다. 아무것도 변하지 않은 상황에서 약이 모든 것을 조정하는 상태를 생각해보라. 아이는 마음속에 언제 터질지 모르는 폭탄을 장착한 채 더욱더 병들어간다. 애초에 왜 정신의 병이 발생했겠는가? 우리가 해야 할 일은 잘 듣고, 잘 보고, 잘 분석함으로써 그 원인을 찾아 개선하는 것이다. 혈압약 처방하듯 정신과 약을 처방해서도, 그렇게 복용해서도 안 된다. "약 잘 맞으시죠? 그럼 한 달 후에 뵙겠습니다." 2분이 채 되지 않는 시간에 오가는 이러한 대화는 정신과에서라면 절대로 일어나서는 안 되는 일이다. 정신의 영역에 빠르고 쉬운 것, 완벽한 것은 존재하지 않는다.

정신분석은 아이뿐만 아니라 부모 역시 아이에게서 정신적으로 독립할 수 있어야 한다고 말한다. 그게 나와 내 아이가 모두 행복해지는 길이다. 가장 건전한 관계는 틈을 남겨두는 관계다. 완전함을 추구하는 관계는 언제나 강압적이다. 모든 것을 통제해야 하니 부모는 부모대로 얼마나 힘들겠는가? 아이의 삶에 틈을 남겨두어야 그 부분에서 아이의 개별적 자아, 즉 개성이 만들어진다. 그 틈이 바로 아이가 숨 쉴 수 있는 자기만의 공간이다. 마음속에 자기만의 방을 마련하는 법을 배우지 않은 아이는 남에 대해서도 동일한 방식으로 조절하고 통제하려 들 것이며 마음대로 되지 않는 경우 분노하거나 쉽게 좌절할 것이다. 틈은 가능성이자 변수이자 배려이기도 하다.

영국의 아동 정신분석가인 도널드 위니콧은 완벽한 어머니보다는 그저 '적당히 좋은 어머니'[1]가 가장 이상적인 부모상이라고 말했다. 적당히 좋은 어머니는 아이를 가두고 있는 충동의 혼돈에 길이 날 수 있도록 그에게 좋은 대상들을 넘겨주는 역할도 하지만, 동시에 어떤 자극도 없는 고요한 환경을 조성해주는 역할도 하는 사람이다. 위니콧은 환경으로서의 어머니를, 통제하고 조절하고 개입하는 부모의 대극에 배치한다. 이 공간에서 아이는 편안함을 느끼게 된다. 프로이트의 이론에서 이 역할을 하는 것이 바로 자아다. 초자아의 목소리가 직접 살갗에 닿지 않도록 완충작용을 하며 공간을 확보하는 것도 자아의 기능이다.

아이는 부모의 명령하는 목소리를 내면화한다. 프로이트의 언어로 풀이하면, 아이는 부모의 이미지를 받아들여 내면에 부모의 대리자를 만들어낸다. 앞서 살펴보았듯이 프로이트는 그것에 초자아라는 이름을 붙인다. 그런데 초자아는 오히려 부모보다 더욱 강도 높은 법을 제정한다. 부모의 명령과 동일시하여 나 자신이 만든 규칙들이기 때문에 더욱 엄할 수밖에 없는 것이다. 틈이 사라진다는 것은 초자아가 자아를 압도하게 된다는 말이기도 하다. 롤 모델 또는 멘토는 아이의 자아가 성장하고 발달하도록 이끄는 기능을 하지만 지나치게 가학적인 초자아는 자율적 공간에 침입하여 아이의 자아를 파괴하는 폭군이다.

프로이트는 15세부터 에두아르트 질버슈타인이라는 친구와 편지를 교환한다. 스페인어를 배우고 싶었던 그들은 다소 엉성한 스페인어로 편지를 주고받으며 외국어 공부도 하고 마음의 이야기도 나눈다. 대학에 가서도 서신 교환은 지속되었으며 프로이트가 54세이던 1910년에 보낸 편지도 남아 있다. 우리는 프로이트가 어린 시절 쓴 편지들에서 온전한 나 자신이 되어가는 아이의 모습을 볼 수 있으며 혼자의 힘으로 생각하고 그 판단에 따라 행동하려는 패기도 관찰할 수 있다. 모두 '틈'이 있어 가능했던 일이다. 모든 것이 통제되고 조절되어 어떤 것을 생각해야 할지 관리되고 재단된 상태에서 아이는 결코 이와 같은 자율성과 자발성을 획득할 수 없다. 그가 그 자신이 되게 도울 수 있는 방법, 또는 그가 그 자신이 되게 돕기 위해 하면 안 되는 일들에 대해 생각해보자.

프로이트가
질버슈타인에게

어린 분석가, 어린 철학자[2]

친구,

…… 있잖아, 내년에 대학생이 되면 1년 내내 인문학 공부만 할 생각이야. 물론 내 전공하고는 거리가 먼 영역이긴 하지만, 어쨌든 나중에 도움이 될 거란 생각이 들어. 너도 의학을 전공할 거라면야 아무 문제 없이 전공 이야기를 할 수 있겠지. 시체 해부도 같이 할 수 있을 테고. 그렇지만 네가 정치외교학을 선택하면 너랑 나눌 수 있는 이야기가 별로 없을 것 같아. 역사학의 경우도 마찬가지고. 대 안은 내가 1학년 기간 동안 철학부에서 강의를 듣는 거지. 누군가

내게 뭐가 되고 싶으냐고 물으면, 글쎄, 확실하게 뭐라 답하기보다는 그냥 "과학자, 교수 같은 거요"라고 말할래.

1873년 7월 16일[17세]

…… 그 부인의 일에 네가 너무 무심한 것 같아. 그러면 안 되지. 그런 일을 당하셨는데 네가 그분을 피한다니 말이 안 돼. 그보다는 위로해 드려야지. 관심을 조금이라도 돌리실 수 있게 해 드리지 못하면 남편의 죽음을 알게 되었을 때 부인이 혼자 너무 괴로우실 거야. 네가 옆에 있어 드리면 어느 정도 관심이 분산되고 조금이라도 고통이 경감되겠지. 네가 그 부인을 살리는 걸 수도 있어. 건강이 완전히 악화되는 것도 막을 수 있고. 네가 희생해야 돼.

1873년 8월 6일

…… 그래, 대학 생활을 어떻게 보내는 게 좋은가에 대한 네 생각은 충분히 이해했어. 그런데 난 말이야, 이렇게 생각해. 대학생이 된다는 건 자기 인생의 주인이 된다는 거지. 하루에 몇 시간씩 아르바이트를 하면서 시간을 보내면 네 자유를 즐길 수 있는 시간을 그만큼 잃게 되는 게 아닐까? …… 다른 데 끝없이 신경을 써야 하고, 온전히 집중할 수도 없는 삶이 곧 시작될 텐데, 그 전에 어느 누구도 방해할 수 없는 평온한 상태에서 사유와 감정을 무한히 확장하

여 내 공부만을 즐기는 게 좋지 않을까? 그 후에 시간을 좀 남겨서 부모님이나 다른 사람들을 돌보란 말야. 젊을 때 네가 너 자신에게 쏟는 시간만큼 소중한 건 없어. 많은 사람들이 그렇게 하지 못하지. 만약 다른 사람을 위해 사는 게 네 목표라고 말한다면, 이것만 기억해. 지금 네 자신을 위해 하는 일이 결국 그들을 위해 일할 때 도움이 될 거라는 걸 말야. 나중에 네가 그들을 도울 수 있게 되면, 너 자신만의 만족에서 느끼는 기쁨보다 훨씬 더 큰 보상을 받게 되겠지. 어쨌든, 지금은 너 자신만을 위해 온전히 네 시간을 써야만 해. 젊음이라는 건 언젠가 끝나는 계절 같은 거야. 그동안 운명은 우리에게 힘을 축적하라고 격려하지. 나중에 운명이 우릴 사냥할 때 그 공격에 맞설 에너지를 비축하라는 뜻이야.

1874년 9월 18일[18세]

…… 네가 브렌타노 교수님을 좋게 보고 있어서 내가 이런 말을 하기가 좀 그렇지만, 그래도 교수님의 생각에 대한 내 입장을 네게 자세히 이야기해야겠어. 이해해줄 거지? 교수님이 믿는 신은 단순히 논리적인 원리에 불과한 것 같아 …… 신이 삶에 어떻게 개입하는가에 대한 교수님의 생각은 상당히 애매해. 교수님의 빈껍데기 신 개념보다 몇천 배 중요한 의식儀式이나 실천들에 대해 교수님이 어떻게 생각하시는지 궁금해. 우리가 신이라는 개념을 받아들이는

순간 불행히도 우리는 미끄러지고 말지. 얼마나 멀리 나동그라지는
지 두고 볼 수밖에 없는 꼴이 되는 거야.

1875년 3월 27일[19세]

…… 듀에이 교수가 마음대로 철학 개념을 공허하게 사용하는
건 옳지 않아. 가끔은 구체적인 자료 없이 주장만 하지. 그 교수는
칸트의『순수이성비판』을 읽은 후, 사유의 끝에 있는 철학자도 비록
신의 존재를 증명할 수 없다 하더라도 신을 버릴 수는 없었다는 것
에서 감명을 받았던 게 아닐까 싶어. 사실 칸트가 증명했다고 하는
것들이 완전히 옳은 것도 아니야. 거기에 도전한 사람들도 있잖아.
칸트의 증명은 선험적 종합판단이라는 것에 기대고 있는데 이게 맞
냐 틀리냐에 그의 철학 전체의 운명이 달려 있지. 그런데 진정으로
과학적인 학파를 수립한 영국 경험론자 선생님들에 따르면 그런 판
단은 가능하지 않아. "우리의 모든 지식은 경험을 함으로써 도출되
는 것일 뿐만 아니라 경험 그 자체에서 기원하는 것이다"라고 존 로
크가 말했지. 상당히 유물론적이지? 이게 선험적 이해라는 개념보
다 훨씬 과학적이야.

건강하게 잘 지내.

1875년 4월 11일

지그문트

프로이트의 성숙함과 미숙함

10대의 프로이트가 친구에게 보낸 편지에서 우리가 느낄 수 있는 것은 그의 자율성이다. 의과대학에 진학한 프로이트는 1학년 동안 가능한 한 많은 시간을 인문학 공부, 특히 철학 공부에 할애한다. 그는 대학에 가자마자 브렌타노 교수에게 면담을 신청하여 어떤 철학책을 읽어야 하는지, 어떻게 공부해야 하는지 묻는다. 그는 프로이트에게 데카르트를 잘못 이해한 스피노자는 읽을 가치가 없으며 그보다는 로크나 라이프니츠가 낫다고 말한다. 또한 흄은 필수적인 사상가이나 칸트는 다소 유치한 사상가로 그의 사유는 진실이라고 볼 수도 없고 유해한 영향을 끼칠 수 있다고까지 말했다. 다른 편지들에서 볼 수 있듯이 프로이트는 스승의 말을 전적으로 수용하지는 않는다. 특히 스승의 신 개념은 전혀 받아들이지 않았으며 오히려 과학적이지 않다는 이유로 그를 비판한다. 면담을 마친 후 프로이트는 철학에 관해서는, 자신이 이 책들을 모두 읽을 때까지 판단을 보류하기로 작정한다. 그리고 칸트, 로크 등 철학의 바다로 뛰어들어 마음껏 공부한다. 그의 결론은 칸트보다는 로크, 독일보다는 영국이었다. 언뜻 보기에는 그가 스승의 가르침을 수용하여 경험론 자체에 관심을 가지게 된 것 같지만, 사실 그는 영국에 사는 이복형을 선택한 것이다.

이에 대해 이야기하기 전에 프로이트의 다른 편지들을 살펴보자. 듀에이 교수에 대한 태도에서 볼 수 있듯이 프로이트는 자기 주관이 뚜렷한 학생이다. 친구에게 하는 조언에서도 그는 한 사람을 위로한다는 것에 대한 자신만의 생각을 전하고 있다. 상실을 경험하는 사람을 가만히 놔두지 말라는 것이다. 개입하여 위로하고 시선을 돌리도록 돕고 에너지를 분산시켜야 덜 괴로울 것이라는 분석이다. 그는 눈치를 보거나 위축되거나 불안해하는 아이가 아니다. 프로이트의 편지는 자발성과 자율성이 가득하며, 어린 프로이트에게는 어떤 수동성도 느껴지지 않는다.

그는 또한 아르바이트로 과외를 하고 있다는 친구의 말에 시간을 낭비하지 말라고 적극적으로 조언한다. 그는, 미래에 하고 싶은 일이 있다면 현재의 시간을 아껴 써야 한다고 말한다. 자유를 즐기라고 하지만, 사실 프로이트는 지금 그 시간을 아껴서 자유롭게 공부하라는 충고의 말을 하고 있다. 책에서 만나는 철학자, 과학자, 역사가, 소설가 들을 통해 사유의 한계를 넓히라는 것이다. 그것이 궁극적으로 진정한 자유를 선물해줄 것이라는 조언이다. 물론 그 자신 역시 그렇게 대학 시절을 보낸다.

흥미로운 것은 얼마 후 질버슈타인이 연강으로 빼곡하게 채워진 시간표를 편지에 동봉했을 때 프로이트가 하는 말이다. "와,

나 이 시간표 식초에 절여서 피클로 만들어 보존할래!" 이번에 그는 친구에게 숨도 안 쉬고 그렇게 공부를 해서는 안 된다고 긴 조언을 늘어놓는다. 언제나 모든 것을 여유 속에서 해야지 그런 식으로 죽을 듯 덤벼드는 공부는 몸과 마음에 오히려 해가 된다는 것이다. 몸이 상할 지경으로 몰아붙이지는 않으며 항상 약간의 여유를 두고 공부했기에 프로이트는 그가 사망하는 83세에도 여전히 전성기에 버금가는 도전적인 논문들을 쏟아내게 된다. 그는 죽을 때까지 지치지 않았다.

프로이트는 이렇게 여유를 가지고 느린 걸음으로 최선을 다해 공부하며 자기 손을 거쳐간 모든 책들을 마음에 새기게 된다. 이와 같은 방식으로 그는 인간과 세상을 관찰하고 이해하며 한 걸음씩 전진한다. 어떻게 공부해야 하는가에 대한 이보다 더 적절한 답은 없을 듯하다. 어린 프로이트는 좋아하는 것을 따라 전진하며 항상 질문하고, 격려는 수용하되 누군가 조언을 할 때는 내면의 성찰을 통해 그것을 받아들인다. 대학에서 배우는 내용에 도전하고 철학자들의 사유를 통해 또 다른 답들을 모색해가며 그 철학자들과도 겨루는 열아홉 살 학생의 모습은 평생 공부를 하며 사는 나 같은 학자도 감탄하게 만든다. 그는 더 이상 조언할 것이 없을 만큼 주체적이고 성숙한 학생이다.

그러나 분석가 프로이트에게 20년 넘게 가르침을 받아온 내가 관찰할 때 어린 프로이트의 선택에는 한 가지 큰 문제가 있다. 그 문제는 그가 평생 풀어야 하는 과제로 남겨진다. 그가 경험론을 선택하며 제시한 이유 자체에도 아직 철학의 지도를 온전히 그리지 못한 데서 나오는 미숙함이 배어 있다. 칸트는 합리론과 경험론을 종합하는 데 성공한 철학자로서 프로이트가 경험론을 택할 때 그는 칸트 이전으로 퇴행하게 된다. 이것은 10대 학생의 실수에서 끝나지 않는다. 그것이 정신분석학의 실수로 이어지기 때문이다. 정신분석학이라는 학문은 그의 이 선택에 기반하여 구축되는데, 사실 프로이트는 무의식적으로 영국의 '경험론'을 선택한 것이 아니라 '영국'의 경험론을 선택한 것이었다. 그것은 어린 프로이트의 미숙한 선택이었다. 훗날 칸트를 심리학에 적용한 융을 배척하게 되는 이유도 바로 이러한 어린 시절의 선택 때문이다.

이에 대해 조금 더 자세히 알아보자. 프로이트는 교수들의 가르침으로부터 최선을 다해 비판적 거리를 두었으나, 사실 백지와 같은 마음에 사유의 힘을 전하는 교사, 교수의 힘은 매우 강력하다. 프로이트가 철학을 배운 프란츠 브렌타노는 경험론을 우선시한 학자로서 『경험적 입장에서의 심리학』을 집필했다. 물론 수많은 철학자들을 만나며 그 이후의 동일시로서 이전에 각인된 서사를 분화시키고 발전시킬 수도 있었겠지만, 프로이트의 개인

사는 브렌타노의 조언에 연계되어 그러한 가르침을 절대적인 진리로 마음에 새기게 한다. 그 사유에 영국이라는, 이복형을 뜻하는 나라가 연결되어 있었기 때문이다.

프로이트에게 영국은 그가 좋아하는 이복형들과 조카들이 사는 곳이며, 형들을 방문했을 때 해변에서 만났던 아름다운 소녀의 기억을 연상시키는 곳이다. 마흔이 넘어서까지 이 해변의 소녀는 늘 그의 마음속에 생생하게 살아 있다. 가난하고 초라한 아버지가 싫었고, 차라리 멋진 이복형이 자신의 아버지였으면 하고 바랐던 그였기에 철학자를 선택할 때도 그러한 선호도가 지배적인 역할을 하게 된다. 아직 어린 프로이트는 무엇이 자신을 움직이는지 알지 못한다. 그렇게 강화된 경험론에 대한 집착은 프로이트의 눈을 가리게 된다. 모든 것을 실증적 자료에 기반하여 관찰하고 분석하고 판단하려 한 프로이트의 방법론은 정신분석에 도움이 되었지만, 현상 너머의 모든 것들을 외면하는 그의 태도는 정신분석을 보이는 것의 테두리 안에 가두어버리는 결과를 초래한다. 이러한 문제는 인간 내면의 신을 받아들이는 융을 만나며 표면화되고 결국 프로이트와 융의 결별과 학파의 분리로 귀결된다. 비록 칸트는 심리학을 학문 영역에서 배제했으나 융의 분석심리학은 칸트가 학(學)의 대상으로 삼지 않은 심리학을 칸트적인 방식으로 구축한 치유의 학문이다. 유전되는 원형에 대한 전제 역시 그러한 방식으로 제시된 이론이다. 프로이트가 넘어서지 못한 인간적 한계는 이와 같이 융을 비롯한 후대 학자들의 연구에 의해 극복된다. 물론 그러한 한계에도 불구하고 프로이트의 정신분석학은 가장 치밀한 분석방법론을 제시함으로써 모든 심리 치료의 기반으로 자리 잡았다. 우리는 처음으로 돌아가 그러한 발전이 가능하게 된 출발점에 대해 이야기해볼 필요가 있다. 다시 프로이트의 어린 시절로 돌아가보자.

초자아의
목소리에 맞서라

성숙한 주체

어린 프로이트가 과연 성숙한 주체의 전형을 제시하는가? 그는 아버지를 미워하고 이복형을 아버지처럼 따르며, 교수의 조언을 무시하고 자기 마음대로 판단하는 아이가 아닌가? 어른에게 묻고 답을 기다리기보다는 스스로 판단하고 행동하며, 철학 교수의 말에도 이의를 제기한다. 훗날 분석가 프로이트는 그것이 바로 정신분석적인 의미에서 성숙한 주체라고 설명한다. 그는 자주 부모들이 자신들의 규칙을 따르지 않는 아이를 억지로 자신 앞에 데려와 다시 착한 아이로, 말 잘 듣는 아이로 고쳐달라고 호소한다며, 그런 일은 정신분석과는 관계가 없는 것이라고 설명한다.[3] 프로이트는 만약 부모의 말대로 의사가 아이를 "고치면" 부모의 기대와는 전혀 다른 일이 일어난다고 경고하는데, 아이가 자신의 길을 더욱 강건히 고집한다는 것이다. 즉 아이는 자신의 주장을 더욱 확고히 개진할 것이며, 그에 따라 진로를 결정하고 이를 위해 자신이 원하는 일을 하기 때문에 결과적으로 부모의 속을 더 썩이게 될 것이라는 뜻이다.

또한 프로이트는 부모가 아이를 억지로 데리고 왔다는 부분에 대해서도 문제를 제기한다. 프로이트에 의하면 가장 이상적인 정신분석학적 상황은 남에 의해 수동적으로 분석을 당하는 것이 아니라 스스로 자신의 삶을 변화시키기 위해 정신분석을 도구로 사용하는 것이다. 그는 아이를 사랑한다고 말하면서 자신의 집착과 개입이 사랑 때문에 하는 일이라고 주장하는 부모의 생각이 얼마나 잘못된 것인가를 다시 한 번 언급한다. 더 나아가 다그치거나 위협하여 아이가 두려워하는 일을 하게 만드는 경우에 대해서도 경고한다. 만약 그러한 방식으로 극복될 두려움이었다면 아이는 애초에 증상 자체를 나타내지도 않았다는 것이다. 그는 부모가 가장 자연스러운 방식으로 아이의 말을 듣고 아이의 행동을 관찰하며 문제에 접근해야 한다고 조언한다.

어떻게 아이를 키워야 하는가에 대한 프로이트의 조언은 조금

낯설다. 말 잘 듣는 아이는 답이 아니라는 것이다. 프로이트는 문화와 인간 충동의 결전은 피할 수 없는 일이며, 이를 통해 각자가 한 사람의 인간으로서 살아가게 되는 것이지만, 그 속에서 우리는 초자아의 지나친 횡포를 경계해야 한다고 설명한다. 결론을 먼저 말하자면, 프로이트는 우리 아이들이 초자아의 목소리에 잡아먹히지 않도록 도와야 한다고 주장한다.

『문화 속의 불쾌』"에서 프로이트는 아이들을 말 잘 듣는 사람으로 키워서는 안 된다고 말한다. 제목에 이미 드러나 있듯이, 문화가 우리의 유일한 답이지만, 문화 자체에 절대적으로 복종하는 것은 충동의 혼돈만큼이나 부정적인 영향을 끼친다는 것이다. 프로이트는 교육이 해야 할 일은 아이들이 장차 노출될 공격성에 스스로 대비할 수 있도록 돕는 것이라고 조언한다. 그 공격은 충동의 공격인 동시에 초자아라는 이름으로 자행되는 문화의 공격이기도 하다. 그는 초자아와 양심의 목소리에 절대적으로 복종하도록 교육시킨다면 아이는 세상으로 나아가 부딪히게 될 많은 역경들을 극복할 수 없게 된다고도 말한다. 프로이트에 의하면 공격성에 대한 교육을 하지 않은 채 아이들을 세상으로 내보내는 것은 마치 북극 탐험에 나서는 사람에게 웃는 얼굴로 여름옷을 선물하며 이탈리아 호수 지도를 손에 쥐어주는 셈이다.

양심의 목소리에 복종하라고 교육하는 것이 왜 나쁜가? 프로이트는 그것 역시 초자아의 목소리이며, 초자아는 자아의 행복에는 관심이 없는 조직이라고 설명한다. 그러므로 초자아의 명령만 들었다가는 삶의 모든 순간이 죄스럽고 모든 행동에서 죄책감을 느끼는 패배자가 될 수밖에 없다는 것이다. 별일도 아닌 것에 죄의식을 느끼고 고해성사를 하고 목사님을 만나고 부모님께 죄송스러운 마음을 가지는 아이는 지금 초자아의 횡포에 압도당하고 있는 셈이며 그런 삶 속에서는 온전한 자기 자신으로서 거침없이 삶을 개척하며 성장할 수 없다는 뜻이다. 초자아로부터 어느 정도 거리를 확보할 수 있을 때 비로소 아이는 부모의 존재로부터 독립한 존재가 된다.

그것은 최초 양육자와의 관계에서도 마찬가지다. 그에게서 분리되지 못하면 아이는 독립적인 어른으로 성장할 수 없다. 르네 마그리트의 그림 〈기하학의 정신〉(1937)에 나타난 이미지에서와 같이 타인으로부터 정신적으로 독립하지 못한 사람이라면 그의 자아는 다른 사람의 무게에 짓눌릴 수밖에 없다. 효자, 효녀라는 말이 가끔은 개인의 삶에 폭력이 되기도 한다. 어머니를 안고 있는 남자가 성인 남성으로서 자신의 아내를 사랑할 수 있겠는가? 초자아에 짓눌리는 사람이 불합리한 현실을 바꿀 용기를 낼 수 있겠는가? 이들 모두는 아직 성인이라고 할 수 없는 미숙한 존재들이다. 사실 성숙한 성인이 되면 그는 오히려 자신의 부모를 더

〈기하학의 정신〉

르네 마그리트의 어머니는 마그리트가 14세 되던 해에 상브르 강에 몸을 던져 자살했다. 어린 시절의 마그리트는 불행한 어머니와 함께 살면서 늘 어머니를 걱정해야 했다. 〈기하학의 정신〉은 이러한 마그리트와 어머니의 왜곡된 모자관계를 생생히 그리고 있다. 절멸의 방향으로 치달으며 삶의 방향으로 나아가는 데 실패한 어머니는 걷지 못하는 어린아이의 몸을 가지고 있으며, 아이가 되어 보살핌을 받고 싶지만 언제나 그 반대의 역할을 해야만 했던 마그리트는 아이의 얼굴과 성인의 몸을 가지고 있다.

욱 잘 돌볼 수 있게 된다. 그가 선택하고 결정하고 그것에 책임을 질 수 있는 어른이기 때문이다.

프로이트는 개인에 대한 문화의 횡포도 내부 충동의 혼돈만큼이나 개인에게 나쁜 영향을 끼칠 수 있다고 주장한다. 전쟁과 범죄를 막는 유일한 길은 문화를 발전시키고 그것에 의해 충동을 억제하는 것이라고 설명했던 그가, 이제는 그 반대 이야기를 하는 듯 보인다. 그러나 힘과 정의, 에로스와 죽음 충동에 대한 논의에서와 마찬가지로, 이번에도 그는 신중한 철학적 사유를 편다. 그는 지금, 물론 충동을 막아내는 것은 문화지만, 만약 문화에 의해 개인의 자율이 전적으로 통제된다면 그것은 충동의 혼돈만큼이나 참혹한 결과를 초래하리라는 생각을 하고 있다. 개인의 발달과정에서 사회화는 중요한 역할을 하지만, 그 규칙에 전적으로 구속되면 그것은 오히려 개인의 발달을 막는 장애물이 된다는 것이다. 이것은 조지 오웰의 『1984』와 같은 소설이나 빅브라더 식 통제가 묘사된 공상과학 영화들에서 자주 그리는 미래 사회의 모습이다.

프로이트는 우리가 초자아에게 어떤 것도 감출 수 없다는 점을 지적한다. 이 때문에 초자아는 이드의 충동을 자아보다 더욱더 잘 알고 있으며 호시탐탐 자아를 처벌할 기회를 노린다. 그런데 문제는 초자아와 양심의 명령에 따라 도덕적이 되면 될수록 죄책감을 더욱 많이 느끼게 된다는 점이다. 초자아에 의해 충동이 더욱 강력하게 억제되면, 억제된 부분에서 일어나는 동요와 힘이 더욱더 크게 느껴지며, 그것을 감지한 초자아는 자아를 더 큰 죄인으로 몰아세운다는 뜻이다. 프로이트는 초자아의 사랑을 받는 것은 불가능한 일이라고 말한다. 그것은 부모나 사회의 대리자이지만, 어떤 결함도 없는 기계적 대리자이므로 외부에 있는 어느 누구의 명령보다 더욱 기계적이고 엄격한 방식으로 명령하고 처벌한다. 프로이트는 초자아의 덫에 걸리게 되면 자아는 자기징벌의 나락으로 떨어질 수밖에 없다고 말한다. 죄책감을 느낀 자아가 더 많이 포기하면 할수록 이드로부터의 자극은 더 강해지고, 그렇게 되면 이를 다시 초자아가 감지하여 자아를 더욱 다그치게 되며 자아는 더 큰 죄인이 된다. 더 많이 포기하면 오히려 죄책감이 더욱 커지는 상황이 발생하는 셈이다.

그렇다면 자아를 비난하는 초자아의 목소리는 청소년들이 지침으로 삼아야 할 원칙이 아니라, 온전한 자신이 되기 위해서 버티어 겨루어야 할 장애물이라고도 할 수 있다. 정신분석에서 성숙함이란 충동의 혼돈에 빠지지도, 또 초자아의 명령에 맹목적으로 복종하지도 않는 중도의 길을 뜻한다. 그렇다면 도대체 어떤 방식으로 자아, 이드, 초자아가 구성되는 것일까? 이에 대해 이론적으로 더 살펴보자.

초자아, 이드, 자아[5]

일반적으로 초자아라는 정신분석의 개념은 부모의 상이 내면화되어 아이의 마음에 각인된 양심의 목소리로 설명된다. 초자아는 어떤 규제도 없이 원하는 대로 하고자 하는 이드를 견제하며 자아의 방향을 잡아준다. 프로이트는 1923년 『자아와 이드』에서 자아, 이드, 초자아라는 개념을 처음으로 이론화한다. 그는 초자아를 매우 강력한 조직으로 설명하는데, 예를 들어 우울증에 걸린 환자의 경우, 초자아가 "의식을 지배"하게 된다고 말한다. 강력한 초자아 앞에서 자아는 죄인의 역할을 떠맡을 뿐이며 자아에게 남겨진 유일한 선택은 자기 징벌로 속죄를 하는 것이다. 물론 이것은 파국적 상황이다. 사실 이 싸움은 처음부터 불공정하게 시작된다. 모든 것이 다 자아의 잘못이라는 초자아의 목소리와, 자아가 어떤 방법을 사용해도 완벽하게 따를 수 없는 초자아의 과도한 규칙 속에서 자아가 초자아를 완전히 만족시킬 수 있는 길은 처음부터 존재하지 않았다. 그러므로 초자아라는 이론을 구축할 당시부터, 프로이트는 문화 속에서 양심을 따르는 가장 이상적인 자아란 가능하지 않다는 점을 강조한다.

초자아는 부모의 목소리가 기계화된 버전으로 부모의 명령에서 부모를 제한 상태, 즉 목소리 자체에서 인간을 빼고 그것을 기계화한 결정체다. 그 목소리는 동일시를 통해 정신 속에서 자리를 차지하는 순간 삼엄한 경계 태세로 자아를 감시하기 시작한다. 더욱 엄밀히 말해 초자아는 그것이 금지하는 것, 즉 "무의식적 이드에 대해 자아보다 오히려 더 많은 것들을 알고 있다." 자아가 이드의 상태에 대해 오리무중인 경우에도 초자아는 이드의 움직임을 감지하며, 이드의 접근을 감지하지 못하고 있는 자아를 다그친다. 초자아는 "초도덕적이며 동시에 이드만큼이나 잔인해질 수도 있다." 그렇다고 무작정 자아가 초자아의 말만 듣고 모든 공격성을 짓누르고 끝없이 속죄할 수는 없다. 이 경우 지나친 억압에 의해 균형이 더 심각하게 깨지며, 초자아는 더욱더 가혹해진다. 초자아의 가혹함은 자아를 죽음에 이르게 할 수도 있다.

이드란 충동이라는 혼돈이 존재하는 비조직화된 영역이며 자아는 이드의 외면이 외부와 접촉하는 과정에서 사회화된 표피를 지칭한다. 그것은 이드와는 달리 조직화되어 있다. 즉 사태를 파악하는 능력이 있다는 뜻이다. 자아는 외부와 함께 살아나갈 수 있도록 노력하는 조직이기도 하다. 부모나 양육자의 이미지를 동화하여 마음속에 그 자리를 내어주면, 즉 아이의 자아가 그들의 자아와 동일시를 이루면, 아이에게 이상적인 이미지로 그려지는 상들이 내부로 유입된다. 외부인지 내부인지 가늠되지 않는 영아 상태에서의 외부는 이상적 자아라 부를 수 있으며, 그것을 외부로 인식할 수 있을 때 이상적인 타인의 상은 자아 이상으로 명명된다. 아이가 동일시한 자아 이상은 내부에서 규칙으로 자리 잡으며 초자아라는 영역을 완성한다. 이드가 "어떤 통합된 의지"도 없는 혼돈 그 자체인 영역이라면 초자아는 지나치게 가혹한 의지로써 불가능한 통합을 지시하는 영역이다. 자아는 이 두 영역 사이에서 충동의 혼돈 속으로 빠져서도 안 되며 가혹한 명령에 전적으로 복종해서도 안 된다. 성숙이란 자아가 이 두 영역 사이에서 어느 한쪽에 지배당하지 않고 자아의 균형을 유지하는 상태다. 그러므로 프로이트는 정신분석이 초자아의 상을 강화하는 방향으로 전개되어서는 안 되며 그보다는 "환자의 자아가 자유로워지도록" 돕는 역할을 수행해야 한다고 설명한다. 자아가 자율성을 획득하는 순간 자신의 생각을 이야기하고, 정보를 종합하여 스스로 판단하고, 그에 대해 책임을 지는 성숙한 주체가 탄생한다.

프로이트는 충동적 이드와 가학적 초자아 사이에서 자아의 홀로서기를 돕는 주된 동력이 에로스라고 설명한다. 결국 삶의 근본적인 투쟁은 에로스와 죽음 충동 사이에서 일어나며 이 싸움에서 에로스의 능력을 과소평가해서는 안 된다는 것이다. 프로이트는 그가 6년 후 집필하는 『문화 속의 불쾌』에서도 전쟁과 범죄, 공격성과 파괴성에 대한 유일한 대안은 그에 못지않은 힘을 가진

"영원한 에로스"가 그 영향력을 발휘하게 만드는 것이라고 말한다. 에로스는 이드의 충동에 방향을 제시하여 충동에 목표를 부여하고 승화를 통해 충동의 대상을 변화시킨다. 내부 에너지의 총합은 이전과 같지만, 특정 대상을 향해 나아가는 목표 지향적 에너지는 혼돈에 의미를 부여하게 된다. 자아라는 그릇 속에 담기는 수많은 형상들과 사연들로 삶의 이야기가 쓰이는 것이다.

이 과정은 구강기, 항문기와 같은 리비도 발달단계에서 시작된다. 『자아와 이드』 제3장, 「자아와 초자아_{자아 이상}」의 서두에서 프로이트는 동일시의 과정을 통해 외부의 상을 내부로 동화하는 과정은 구강기에 시작되며 이 단계는 엄밀히 말해 아직 대상과 자아가 구분된 동일시로는 볼 수 없다고 설명한다. 리비도라는 충동의 에너지가 혼돈으로부터 의미의 길을 찾아나가는 여정은 우선 영아기와 유아기를 거치며 입과 항문을 통해 방향 지워지는데, 이 기간 동안의 양육에 의해 자아가 처음으로 발달된다. 모유가 어머니의 몸에 속하는 것인지 내 몸에 속하는 것인지 알지 못하는 상태에서 아이는 이상적 자아로서 타인을 경험한다. 아이는 어머니와 애착관계를 형성하며 외부를 내부로 동화하고, 어머니의 냄새와 손길에 힘입어 세상으로 손을 뻗는다. 배변 훈련을 거치며 내부와 외부의 분리에 대한 통제력을 확보하고 이 과정들에 의해 충동의 혼돈에 희미한 길이 열린다. 물론 엄밀한 의미의 동일시란 내부와 외부를 구별하고 타인의 자아를 동화할 수 있는 자아의 탄생 이후에 비로소 이야기할 수 있는 것이다. 이제 다음 이야기들을 통해 성숙한 자아 형성에 성공한 사례와 실패한 사례를 하나씩 살펴보자.

세상과의 만남을
촉진하는 양육

실패한 부모, 망가진 아이들

2015년 1월 6일 한 40대 가장이 자신의 아내와 두 딸을 교살했다. 그는 2012년 직장을 잃은 후 고시원으로 출퇴근을 하며 재기를 꿈꾸다 결국 자신의 계획들이 실패하자 이와 같은 범죄를 저지르게 된다. 이 가족은 강남에 있는 44평 규모의 아파트에 거주하며 두 대의 차를 소유하고 있었다. 아내의 통장에는 현금 3억 원이 예치되어 있었으며 아파트를 매각하여 빚을 갚을 수도 있었지만, 그 대신 그는 가족의 삶을 끝내기로 결정한다. 아이들에게 자신이 실직했으며 더는 강남에서의 생활이 불가능하다는 말을 하기보다는 그들을 죽이는 편이 낫겠다고 판단한 것이다. 이 사례에서는 든든한 자아에 대한 논의 자체가 불가능하다. 아버지에게는 아이의 생각을 물을 마음이 없다. 아이의 목숨까지도 마음대로 할 수 있다고 여기는 부모에게 아이의 의견은 중요하지 않다.

약해진 자아를 붙들어줄 제도적 기반도, 동일시를 위해 동화할 외부의 자아상도 존재하지 않는 상태에서 충동의 혼돈에 압도되는 범죄 사례들도 증가하고 있다. 2014년 3월 김해 여고생 살인 사건[6]은 가출한 여고생이 10대, 20대로 구성된 가출 집단에 의해 성매매를 강요당하고, 집단 폭행을 당한 뒤 살해된 사건이다. 이들은 끓는 물을 피해자의 몸에 붓거나 구토물을 먹게 했으며, 살해 후에는 신원 확인이 어렵도록 시신을 훼손하여 암매장했다.

대화와 지지로써 가학적 초자아를 누그러뜨리고 자아의 자율성을 강화하기보다는 부모 자신이 가학적 초자아가 되어 자식을 완전히 통제하려 한 경우도 있다. 우리는 이를 이은석, 지현우 사건을 통해 생각해볼 수 있다. 이은석[7]은 2000년 5월 29일 부모를 망치로 살해한 후 이틀에 걸쳐 사체를 토막 내 유기했다. 그는 1995년 서울에 있는 명문 사립대에 입학했으며 사건 당시에는 군제대 후 휴학 중이었다. 1999년 12월에 전역하고 약 5개월 동안 무슨 일이 있었던 것일까? 따로 살고 있던 장남은 사건 소식을 듣고 경찰에 "동생을 이해할 것 같다"고 말한다. 원심에서는 이은석에게 사형이 선고되었으나, 항소심에서는 무기징역으로 감형되었고 대법원에서 무기징역이 확정된다. 그 이유는 그가 부모의 학대에 의한 피해자였기 때문이다. 이은석의 부모는 행복한 사람들이 아니었다. 학교에서의 따돌림과 군대 내에서의 문제들로 이은석이 괴로워할 때 그의 주위에는 아무도 없었다. 자신감도, 자발성도 키울 수 없는 환경에서 자란 아이들이 학교나 사회에서 온전한 그 자신으로 행동하기 위해서는 많은 멘토들의 도움이 필요하다. 늘 주눅이 들어 있거나, 화를 내야 하는 상황에서 적시를 놓치기 일쑤였던 이은석은 잘못한 것이 없는 경우에도 곧잘 난처한 위치에 놓였다. 그러나 부모는 자식이 가장 약해진 순간에도 학대를 지속했다. 그를 온전한 하나의 인격체로 인정하지 않았으며 통제와 조절에 실패할 때 비난하고 질책했다. 이은석이 진심 어린 대화를 시도할 때도 부모는 가혹한 판단과 질책으로 학대를 지속했을 뿐 아들의 마음을 헤아리지 않았다.

지현우[8]는, 2011년 3월 13일 어머니를 살해한 후 시체를 안방에 방치했다. 그는 범행 도구인 칼조차 어머니 시체 위에 그대로 올려둔 채 치우지 않았으며, 죽은 어머니와 8개월 동안 함께 지낸다. 당시 지현우는 전교에서 2, 3등을 하던 성적이 우수한 고3

학생이었다. 주위에서는 그를 "엄마 말을 잘 듣는 아이"로 평가했다. 5년 전 집을 떠나 사건 당시 따로 지내던 아버지는 후에 아내와 아들이 "생존경쟁"의 관계로 지낸 것 같다고 말했다. 지현우의 학생기록부를 보면 교내 수학경시대회 최우수, 교내 한자경시대회 최우수, 영어말하기대회 대상 등 수상 기록이 화려하다. '꾸준하다', '노력한다', '똑똑하다', '잘생겼다', '우수하다'는 평가가 지배적인 우등생이었으며 진로 희망은 늘 외교관으로 적혀있다.

재판에서 이 사건을 담당한 이명숙 변호사는 지현우가 어머니와 단 둘이 살게 된 초등학교 5학년 이후 지속적으로 폭력에 시달린 아동 학대의 피해자라고 설명하며 정당방위와 긴급피난을 통해 무죄를 주장했다. 가해자는 그의 어머니였다. 어머니는 남편이 집을 나간 후 더욱더 아들에게 집착했으며 친척도 친구도 없이 고립된 상황이었다. 《경찰청 사람들 2015》와의 인터뷰에서 지현우의 아버지는 아마도 아들은 어머니에게 "절대적인 복종"을 해야 했을 것이라고 말했다. 어머니는 전국 1등, 서울대라는 답을 가지고 있었고, 이 목표를 위해 아들의 일거수일투족을 관리했다. 그는 하루에 16시간씩 공부를 해야 했다. 체벌의 강도는 점점 심해져 나중에는 구타가 10시간씩 지속되기도 했다. 친구의 진술에 따르면 그의 어머니는 골프채나 야구방망이로 지현우를 구타했으며 그는 늘 온몸에 피멍이 든 상태였다. 친구는 그가 사흘 동안 굶은 적도 있었다고 말했으며, 또한 지현우의 집을 방문했을 때 골프채에 피가 묻어 있었다고도 진술했다. 현우는 늘 체육복을 화장실에서 갈아입었다. 어느 날 지현우는 맞지 않기 위해 성적을 위조하기로 결심한다.

사건 전날, 어머니는 현우가 졸자 골프채로 아이를 구타하기 시작했다. 평소와 같이 한 번에 40대씩 5회에 걸쳐 200대를 때리며 밤새도록 아들을 구타했다. 사흘 동안 아들에게 밥을 주지 않았으며 그동안 잠도 재우지 않은 상황이었다. 다음 날은 학부형 총회가 있었는데 그때 성적표 위조가 발각될 수도 있었다. 아이는 갑자기, 이러다가는 자신이 죽을 수도 있겠다는 생각이 들어 범행을 결심한다. 그는 칼로 어머니의 눈을 찔렀는데 어머니는 죽지 않았다. 그 상태로 아들과 어머니가 아래와 같이 대화한다.

"이렇게 하면 넌 정상적으로 살아갈 수 없을 거야. 왜 이러는 거야?"

"이대로 가면 엄마가 나를 죽일 것 같아서 그래. 지금 엄마는 모르는 게 너무 많아. 엄마 미안해."

프로파일러 배상훈 교수는 아들과 어머니가 절대적인 의존관계셨으며, 어머니가 죽었을 때 이은석은 심한 상실감을 느꼈을 것이라고 설명한다. 즉 시체를 간직한 것은 그것마저 사라질 경우 의존의 대상 자체가 없어지는 것이므로 "자아가 무너질 수" 있는 상황이라는 것이다.

지현우는 심신미약이 인정되어 3년 6개월 형을 선고받는다. 이명숙 변호사는 절대로 자녀를 구타해서는 안 되며, 인격으로 대하고 대화로 소통함으로써 모든 문제를 해결할 수 있다고 호소한다. 그녀는 "사랑으로 안아서 키우면" 이와 같은 일들을 막을 수 있으며 "패륜 자녀는 없고 패륜 부모가 있을 뿐"이라고 말한다. 지현우가 교도소에서 쓴 편지에는 아래 공익광고가 인용되어 있다.

부모는 멀리 보라고 하지만
학부모는 앞만 보라고 한다.
부모는 함께 가라고 하지만
학부모는 앞서가라고 한다.
부모는 꿈을 꾸라고 하지만
학부모는 꿈꿀 시간을 주지 않는다.

충분히 사랑받는 아이들[9]

닉 부이치치는 1982년 오스트레일리아에서 팔다리가 없는 상태로 태어났다. 바다표범 손발증은 팔과 다리가 없거나 짧아 손과 발이 몸통에 붙어 있는 장애로 10만 명 중 한 명이 이 병을 앓고 있다. 지난 2013년 SBS TV 프로그램 《힐링캠프》에 출연한 부이치치는 부모님의 가르침 덕분에 절망을 딛고 일어설 수 있었다고 말한다. 그들은 아들이 미래를 바라보도록, 사람과 함께 살아가도록, 그리고 삶을 꿈꾸도록 도왔다. 닉은 자신이 아무것도 이루어낼 수 없을 것이라는 부정적인 마음이 들었을 때 그의 부모는 "언제나 네가 가지고 있지 않은 것보다는 가지고 있는 것에 초점을 맞추어야 해"라고 조언했다며 부모님이야말로 자신의 멘토였다고 말한다. 그들은 시도해보기 전에는 뭘 성취할 수 있는지 알 수 없다며 닉에게 새로운 것들에 도전할 수 있는 에너지를 불어넣었다.

닉의 어머니는 아이가 태어났을 때 그 상황을 이해할 수 없었다고 한다. 술도 안 마셨고 진통제도 복용하지 않았는데, 도대체 무엇이 어디서 잘못된 것인지 알 수 없었던 어머니는 아이가 보고 싶지 않았다. 그녀는 남편에게 닉을 데리고 나가라고 했다. 그러나 남편은 아내에게 닉은 결코 실수로 태어난 존재가 아니며

113

진정 아름다운 아이라고 말했다. 닉의 어머니가 닉을 받아들이는 데는 4개월의 시간이 필요했다. 가족과 친구들은 닉을 지지했으며 그가 시도하는 모든 것을 응원하고 격려했다. 심지어 그들은 닉이 학습 속도가 매우 빠르며 잠재력이 있는 아이이므로 일반 학교에 진학할 수 있다고 주장했는데, 마침내 교육 당국이 가족의 요구를 받아들이게 된다. 이는 오스트레일리아 교육 제도를 바꾸는 계기로 작용한다. 부모는 닉에게 최선을 다하고 할 수 있는 모든 것을 다 시도해보라고 말했으며 실패하더라도 다시 할 수 있도록 격려했다. 그들은 분리가 아닌 통합을 중요하게 여겼고, 부정적인 시선이 아닌 긍정적인 마음가짐을 강조했다. 닉은 자신이 부모에게 배운 가장 중요한 가르침은 모든 사람이 가치 있는 존재이며 사랑받을 자격이 있다는 것이었다고 말한다.

어머니는 무조건적으로 아들을 사랑하되 그가 할 수 있는 일은 스스로 하게 한다는 것을 규칙으로 삼았으며 이에 따라 그는 독립적인 존재로 성장한다. 침대 정리나 진공청소기를 돌리는 것은 그의 몫이었다. 이로 잡아 당겨 이불을 정리하고 목과 어깨로 청소기를 잡고 방을 치울 수 있었던 것이다. 그의 친구 로라는 여기서 더 나아가 힘에 부친다고 도움을 받기보다는 존엄성을 지키기 위한 몇 가지 일들은 혼자 해나가라고 그에게 조언했다. 그때부터 닉은 벽에 머리를 비벼 스스로 머리를 감는 등 혼자 할 수 있는 일의 목록을 늘려가게 된다. 아버지는 그가 할 수 없는 것에 대해 아쉬워할 때마다 아들이 잘하는 것, 그리고 그가 할 수 있는 것을 강조했다. 그는 달리기는 할 수 없었지만 수학 문제는 풀 수 있었기에, 대학에서 회계학과 재무학을 전공한다. 붙어 있는 발가락을 두 개로 분리하는 수술을 받은 후에는 어머니가 만들어준 발가락 연필 끼우개를 도구 삼아 발로 글을 쓰게 된다. 동생은 글도 쓰고 키보드도 연주하는 이 작은 발가락에 '치킨 드럼 스틱_{북 치는 닭다리}'이라는 애칭을 붙여준다.

부이치치의 부모는 그로 하여금 온전히 사랑받고 있다는 것을 알게 했으며 세상은 살 만한 가치가 있는 곳이라는 사실을 각인시키는 데 성공한다. 그들은 따돌림을 받으며 자신이 왜 그렇게 태어났느냐고 묻는 아들에게 "그 이유는 우리도 모른단다. 하지만 분명히 네가 이 세상에 온 건 어떤 이유가 있어"라고 답한다. 그들은 아들이 아름다운 존재라는 말을 끝없이 되풀이했으며 충분히 아들이 그들의 사랑을 느낄 수 있도록 최선을 다한다.

그러나 수많은 어려움을 겪어내던 아이는 8세에 자살하고 싶다는 말을 했으며 10세에는 자살을 기도한다. 그는 욕조 물에 얼굴을 담그는 순간 떠오른 하나의 이미지가 자신을 일으켜 세웠다고 말한다. 그것은 부모와 동생이 자신의 무덤 앞에서 우는 모습이었다. 자신을 너무나 사랑하는 그들에게 그런 고통을 줄 수는 없는 일이었다. 그래서 그는 살기로 결심한다. 닉은 "제 아버지는 정말 좋은 아버지세요. 그리고 제 어머니는 정말 좋은 어머니셨습니다. 가족은 정말 중요해요"라고 말한다. 그는 '좋은 사람'이라고 말하지 않는다. 대신 "좋은 아버지", "좋은 어머니"라는 표현을 사용한다. 그들이 부모의 역할을 멋지게 해냈다는 뜻이다. 물론 그것은 아이가 사랑받는다는 것을 느끼게 만드는 역할이다. 이러한 환경 속에서 아이는 자발성과 자율성을 십분 발휘하여 수많은 삶의 이야기들을 창조하고 생산해낼 수 있게 된다.

그는 자신의 강연에서 부모가 했던 말들을 되풀이하며 사람들의 롤모델이 되고자 노력한다. 어떤 것도 할 수 없다고 생각하는 사람들에게 그들이 할 수 있는 것을 생각하라고 조언하고, 그들이 사랑받는 존재라는 것을 끝없이 강조한다. 그는 결혼을 했으며, 두 아이의 아버지가 되었고, 이제 그의 부모가 그에게 보여준 믿음과 사랑으로 자신의 아이를 양육하고 있다. 그는 아버지가 자신에게 그랬듯이 자신의 아이에게 좋은 롤모델이자 친구가 되고 싶다고 말한다.

그는 방송 인터뷰를 마치며 한국은 OECD 국가 중 자살률이 가장 높은 나라이며 하루에 40여 명이 자살하는 곳이라는 사실을 알고 있다고 말한 후 결코 포기해서는 안 된다고 호소한다. 또한 자신을 사랑하고 사람을 사랑해야 한다고 강조한다. 그는 힘든 상황에 처한 청소년들은 롤모델을 필요로 하며, 그들에게 자신이 롤모델이 되고 싶다고 말한다. 그는 '닉이 할 수 있다면 나도 할 수 있다'는 마음을 아이들이 가질 수 있었으면 좋겠다고 희망한다.

2012년에 출간된 『닉 부이치치의 플라잉』[10]에서 그는 워싱턴 DC의 한 고등학교에서 강연을 하며 학생들에게 자살 충동을 느껴본 사람이 얼마나 되는지 질문했을 때 800명 중 약 75퍼센트가 손을 들었다고 회상했다. 자살 기도를 한 경험이 있는 사람이 얼마나 되는지 물었을 때는 80명에 가까운 학생들이 손을 들었다고 한다. 그는 15~24세의 사망 원인 중 3위가 자살이며 세계적으로 한 해에 100만 명 이상이 자살을 하고 있다는 점을 지적한다. 40초에 한 명이 스스로 목숨을 끊는 셈이다. 부이치치는 그러한 파괴적 생각에서 벗어나는 길은 자신이 사랑하는 사람들을 바라보는 것이라고 말한다. 사랑하는 사람들을 바라보며, 이 순간의 고통이 아닌 미래의 가능성을 생각해야 한다는 것이다. 더 나아가 그는 우리 자신이 사랑을 줄 수 있는 사람, 힘이 되는 사람, 파괴적 마음을 극복할 수 있도록 돕는 사람이 되길 간절히 희망하고 있다.

그의 아버지 보리스 부이치치는 2016년 4월 『완전하지 않아도 충분히 완벽한─희망 전도사 닉 부이치치 아버지의 특별한 사랑』을 출간했다. 이 책에 대해 아들 부이치치는 어떤 롤모델도 찾지 못한 어려운 상황에서 어떤 지지도 받지 못한 채 홀로 싸우는 이들을 위해 아버지께 책을 쓰시도록 거듭 부탁했다고 말한다.[11] 더 많은 사람들의 손을 잡고, 더 많은 사람들을 위로하기 위해 최선을 다하는 그들의 삶은 진정 충분히 완벽해 보인다.

3

삶의 중심을
찾다

최초 동일시에 의해 형성된 자아는 그 이후 다양한 사람들과 수많은 경험들 속에서 발달하고 성장하고 분화한다. 부모에 의해, 또는 교사, 친구, 멘토에 의해 첫 번째 축이 형성된 후 두 번째 관문은 남을 온전히 내 세상에 받아들이는 경험을 하는 것이다. 진정으로 한 사람을 온전히 이해하는 가장 이상적인 경험을 우리는 사랑이라 부른다. 연애, 동거, 결혼은 남을 내 세상에 받아들이는 연습 중 가장 진지한 체험들에 속한다고 할 수 있다. 내 세상에 남을 받아들인다는 것이 얼마나 번거롭고 힘든 일인가? 하물며 평생을 함께하자고 약속할 때는 나 혼자 세운 계획들을 얼마나 많이 포기해야 하겠는가? 이 쉽지 않은 결정을 긍정하게 만드는 것이 바로 사랑인데, 여기에서도 그 사람이 얼마나 성숙한가에 따라 많은 변수가 발생한다.

미숙한 사람이 동거나 결혼을 하는 경우, 그가 성숙해질 때까지, 행복으로 나아가는 여정은 순탄하지 않을 것이다. 든든한 자아가 형성되지 않아 누군가에게 끊임없이 휘둘리는 사람, 나 자신이 되는 법을 모르는 사람, 나밖에 모르는 사람은 그 자신의 세상을 애인이나 배우자의 세상으로 확장시키지 못한다. 온전한 나 자신이 될 수 있을 때 비로소 진정으로 소통할 수 있고, 그러한 기반 위에서 함께 문제들을 해결해나갈 수 있다. 그의 자아를 확장하는 변화가 일어나지 않는다면 문제는 반복되고 소통은 단절된다.

남을 진정으로 사랑하는 경험은 독립적인 인간이 되는 첫걸음이다. 그것이 하나의 관문이라고 불리는 이유는 이 관문을 통과하지 못하는 이들이 있기 때문이다. 어떤 이들은 눈에 흙이 들어가기 전에는 절대 안 된다는 부모의 반대를 무릅쓰지 못한다. 자신의 작은 세상을 벗어나 새로운 세상으로 나아가는 것은 자신이 한정짓던 삶의 영역이 넓어진다는 뜻이다. 알을 깨고 밖으로 나가는 과정에 실패하면 그는 작은 공간에 안주하게 된다. 세상에 부모의 마음에 차는 배우자는 드물다. 그 이유는 타인에 대한 완전한 긍정이란 부모와 자식의 세상이 깨지는 경험에 대한 긍정이기도 하기 때문이다. 이에 대한 부모의 반응이 그저 기껍기만 할 수는 없다. 외연이 찢어지는 경험이 즐거울 리 없지 않은가? 안전하고 확실한 작은 세상을 두고 자식이 안전하지 않은 불안한 세상으로 걸어 들어갈 때 환호하는 부모는 드물다. 그러나만약 자식이 이 싸움에서 지면 결국 부모도 자식도 모두 불행해진다. 열리지 않는 폐쇄적 공간 속에서 이 작은 세상은 결국 소멸하게 된다. 안전과 확실함의 끝은 절멸과 소멸이다. 피터 웨어 감독의 영화 〈트루먼 쇼〉(1998)는 안전한 작은 세상이 열리며 더욱큰 미지의 세계로 진입하는 주인공을 통해 우리 모두의 이야기를 매우 잘 그려내고 있다. 그것은 한마디로 이유離乳, 즉 독립에대한 이야기다.

수시 전형 준비를 위해 아이의 자소서를 대신 써주는 부모가어느 날 갑자기 아이의 자율성을 인정할 리 없다. 좋은 학군을 목표로 이사를 하는 부모가 사위나 며느리의 학벌을 따지지 않을리 없다. 생활비에 부담이 될 정도로 사교육을 시키는 부모가 어느 순간 아이에 대한 자신들의 지나친 관심을 거둘 리 없다. 그러한 양육에 익숙한 아이가 자율적인 성인으로 성장할 리 만무하다. 그들은 부모의 개입을 막을 수 없을 정도로 부모와 한 몸이 되어 있다. 배우자는 오히려 그 틈에 끼어드는 불편한 사람일뿐이다. 그래서 설령 결혼에 성공한다 하더라도 그들은, 못마땅

〈트루먼 쇼〉

트루먼은 모든 것이 통제된 거대한 방송 세트에서 자란다. 자신의 삶이 거짓
이었음을 알게 된 트루먼은 그 공간을 벗어나려 하는데, 이때 하늘에서 연출
가의 목소리가 들린다. "내 세상 속에서는 아무것도 겁낼 필요가 없어. 네가
널 아는 것보다 내가 널 더 잘 알아. 넌 떠날 수 없어. 나와 여기 함께 있는 거
야." 그러나 트루먼은 문을 박차고 그곳을 떠난다. 이때 그의 행동에 가장 열
렬히 환호하는 것은 이제 더 이상 그의 방송을 볼 수 없게 된 시청자들이다.

한 마음에 끊임없이 자식의 삶에 개입하는 부모들의 간섭으로부터 거리를 둘 수 없다. 부모의 간섭과 개입 속에서 자식은 온전한 그 자신이 될 수 없다. 정신적 이유 과정이 완성되지 않은 사람은 어른으로서 결정하고 그것에 대해 책임지는 단순한 일을 수행할 수 없다. 그의 자아가 자율적이지 않기 때문이다. 자율성이 없는 성인은 모든 생활의 작은 일들 앞에서 극도로 당황하게 된다. 마치 어린아이처럼 동작을 멈추고 두 눈을 크게 뜨고는 엄마를 찾아 주위를 두리번거리는 것이다.

프로이트는 이와는 다른 성숙한 성인의 모습을 보여준다. 그는 자신이 원하는 것이 무엇인지 알고 있으며, 그것을 위해 이전의 계획을 수정할 줄도 아는 사람이다. 함께하는 삶을 위해 자신의 삶을 멈출 수 있으며, 그것이 더욱 큰 세상으로 그를 이끈다는 것을 확신한다. 자신의 작은 세상 속 계획들을 무너뜨렸지만, 궁극적으로 그는 자신이 가장 좋아하는 일들을 할 수 있게 된다. 그러한 인내와 장기 계획은 자아의 자율성이 온전히 보존될 때만 가능한 것들이다. 불안과 불확실성 속에서 삶의 중심을 만들어가는 태도는 오직 성숙한 인간에게만 허락된 선물이다.

자아의 자율성이 시작되는 지점은 부모의 손을 놓는 순간이다. 자유로워진 두 손으로 이제 다른 사람의 손을 잡을 수 있게 되며, 세상의 구석구석을 만질 수 있게 된다. 한 손이 자유롭지

삶의 중심을 찾다

못하면 그만큼 세상과의 소통이 제한된다. 사실 두 손이 자유로 워질 때 그는 오히려 부모를 더욱 잘 돌볼 수 있다. 그가 독립된 성인이기 때문이다. 한 방향을 바라보는 두 사람의 결합이라면 그들은 네 손으로 세상을 어루만질 것이다. 두 개의 뇌, 네 개의 손, 네 개의 다리로 그들은 새로운 삶을 만들고 새로운 세상을 열 어갈 것이다. 다시, 그 끝은 휴머니즘이다. 더 많은 사람들이 서 로의 손을 맞잡게 되기 때문이다.

살길을 찾아서[1]

마르타에게

…… 내가 쓴 논문들과 마이네르트 교수님의 추천서를 가지고 노트나겔 교수님을 만나고 왔어요 …… 거기에 우리의 운명을 손안에 쥐고 있는 교수님이 계시더군요. 우리한테 엄청난 영향을 끼칠 수 있는 그런 힘을 가진 어떤 사람 앞에 서 있는 것 자체가 상당히 힘들었어요. 그분한테 우리는 정말 별것 아니죠. 그분은 '우리'에 속하지 않는 사람이에요. 게르만족이거든요. 머리는 금발이고, 그 머리칼이 머리, 뺨, 목, 눈썹을 덮고 있었어요. 피부색과 머리색이 같

아 보일 정도였죠. 뺨과 콧등에는 혹이 두 개 있었어요. 그건 그리 멋있어 보이지 않았지만, 어쨌든 범상치 않은 느낌을 받았죠. 밖에 서 있을 때는 사실 좀 떨렸어요. 하지만 "전쟁"이라는 게 늘 그렇듯이, 막상 집안으로 들어가 그를 만났을 땐 마음이 평온해졌죠 ······ 그분이 마이네르트 교수님이 써준 추천서를 읽는 동안 저는 앉아 있었어요. 거기에 무엇이 적혀 있는지 전 이미 알고 있었죠.

친애하는 교수님께,

교수님께 지그문트 프로이트 선생님을 추천합니다. 그는 그동 안 조직학 연구를 미덥게 수행해왔으며 인터뷰에 적합한 인재입 니다. 곧 뵐 수 있길 기원합니다.

테오도어 마이네르트 배상

"제 동료 마이네르트의 추천을 전적으로 믿습니다. 뭘 도와드릴 까요?" 교수님은 편안한 모습으로 그렇게 말씀하셨어요. 정말 믿는 것만 말씀하시는 분같이 보였답니다 ······ "우선 처음에 저는 동물학 을 공부했습니다. 그 다음에는 생리학으로 바꾸었고요. 그 후 조직 학 연구도 했습니다. 브뤼케 교수님께서 조교를 바꿀 수 있는 상황 이 아니라고 말씀하시면서 나가서 일자리를 알아보라고 하셔서 그 분을 떠나게 되었습니다." 노트나겔 교수님은 이렇게 말했어요. "그냥 솔직하게 말씀드릴게요. 몇 명이 이미 지원을 했어요. 제가 희망을 드리면 안 될 것 같아서 말하는 겁니다. 그렇지만 지원신청서는 제가 잘 가지고 있을게요. 앞으로 다시 자리가 날 수도 있거든요. 하지만 어떤 것도 확실하지 않아요. 아시겠지만 어떤 약속도 할 수가 없네요. 키 비브라 베라Qui vivra verra라는 말이 있죠. 이 말처럼 다 순리대로 될 겁니다. 시간을 견뎌보세요. 쓰신 논문들은 제가 가지고 있을게요." 교수님은 정말 친절하게 이 말씀들을 하셨어요 ⋯⋯

"⋯⋯ 과학 영역에서 연구를 계속 해보지 그래요. 사람이 필요하게 되면 그때 다시 고려할게요."

"하지만 지금 상태로는 과학 연구를 지속할 수가 없어요. 전 가능한 빨리 모든 과정을 마치고 개업을 해야 하거든요. 아마 영국에서 개업을 하게 될 거예요. 거기에 아는 사람들이 있어요. 어떤 보상도 없는 일들을 그동안 너무 오래 했습니다. 얼마 전 시작한 화학 논문도 이제는 포기해야 할 것 같아요."

교수님이 답하셨어요. "논문 게재를 말하는 게 아닙니다. 과학 영역을 떠나지 말라는 말이에요. 의학도 결국은 과학적인 방식으로 공부할 수 있는 영역이거든요."

"예, 저도 알고 있어요. 생리학자의 연구 방식과 별로 다르지 않을 수도 있죠."

교수님이 다시 말씀하셨어요. "같은 것이라니까요." ⋯⋯ "교수

삶의 중심을 찾다

가 되고 싶나요, 아니면 의사가 되고 싶나요?"

"제가 잘 하는 것이나 그동안 해온 걸 고려할 때 연구 쪽이 더 가깝지만 …… ."

"생계에 대해 걱정하는 거죠? 다시 한 번 말 할게요. 키 비브라 베라."

…… 그렇게 인사를 하고 그 집을 나왔어요. 마르타, 모든 게 다 물거품이 되었어요. 기대했던 첫 직장도 물 건너갔네요. 물론 정직하신 분이니 두 번째 기회가 생기면 제 지원서를 고려하시겠죠 …… 어떤 기대도 하지 않는 게 나아요. 이제 뭘 해야 할지 잘 모르겠어요. 피부과는 어떨까요? 그리 구미에 맞는 영역은 아니지만, 그 자체로 중요하고 또 흥미로운 분야이기도 하죠. 내일은 그 과에 한 번 가 봐야겠어요 ……

이제부터는, 고생하시는 당신 어머니와도 더 잘 지내볼게요. 어머니는 제 관심과 취향을 탐탁히 여기시지 않지만 그래도 전 어머니가 좋아요.

토요일 아침 10시에 프라터 공원에서 만나요.

1882년 10월 5일 목요일[26세]

당신의 프로이트

프로이트의 꿈

프로이트에게 사랑은 자신의 방향을 바꿀 수 있는 힘, 자신의 계획과 취향과 삶을 멈출 수 있는 동기다. 내 세상을 완성하기 위해 그녀를 받아들이는 것이 아니라 그녀와 함께하기 위해 자기 자신의 삶을 바꾸는 것이다. 나만의 작은 세상을 나설 수 있게 하는 남, 바로 그 사람이 연인이다. 1882년 6월 17일 프로이트는 마르타 베르나이스와 약혼을 한다. 당시 프로이트는 26세, 마르타는 21세였다. 1886년 9월 14일 그들이 결혼할 때까지 그 여정은 그리 순탄하지만은 않다. 마르타의 어머니는 프로이트를 별로 좋아하지 않았으며 그들이 약혼한 다음 해 마르타를 데리고 함부르크 북부의 반츠베크로 이사를 간다. 그들은 1886년 결혼할 때까지 대부분의 시간을 떨어져 지내게 되지만, 드물게 함께 있을 때조차 프로이트는 하루이틀 간격으로 마르타에게 편지를 보낸다. 프로이트는 모든 것이 불확실한 대책 없는 처지였으며 무엇을 해야 할지 어떤 직업을 가져야 할지 정하지 않은 상태였다.

그러나 이러한 상황에서도 프로이트는 두려움에 뒷걸음질 치거나 의기소침한 마음에 주눅이 들기보다는 이상하리만큼 당당하게 현재를 만들어간다. 약혼 직후 프로이트가 마르타에게 쓴 편지에서 우리는 그가 이 사랑에 모든 것을 걸었다는 걸 느낄 수

삶의 중심을 찾다

있다. 프로이트는 1882년 7월 19일 편지에서 "내 사랑스러운 신부여, 영원에 대한 맹세를 망설인 순간이 있었지만, 이제는 내가 당신을 나 자신의 끔찍한 불행 속으로 끌어들여야만 한다 하더라도 당신을 놓치지 않겠어요"라고 말한다. 그는 하루가 멀다고 계속되는 서신 교환에서 사랑의 힘이 얼마나 대단한지, 그가 그녀를 얼마나 사랑하는지 그리고 비록 처량한 신세지만 그럼에도 자신의 지참금은 다름 아닌 그의 사랑 자체임을 거듭 강조한다. 그는 마르타의 입장에서 부모를 떠나 남편의 세상에 들어오는 일이 얼마나 두려울지에 대해서도 알고 있다고 말하며 마르타를 안심시키고, 약혼녀가 형편이 넉넉하지 못한 자신을 기다릴 수 있도록 끊임없이 "인내"를 부탁한다. 아래는 미래에 대해 프로이트가 꾸는 작은 꿈이다.

우리가 자고, 먹고, 손님도 맞으려면 방은 두 개나 세 개쯤이 필요하겠죠. 음식을 덥히는 주방 난로는 늘 켜둬요. 그리고 방 속에는 테이블, 의자, 침대, 거울 등이 필요할 거예요. 행복한 우리에게 시간이 흐르고 있다는 걸 알려줄 시계도 있어야겠죠. 낮잠 잘 안락의자도 필요해요. 바닥이 깨끗하게 보이려면 카펫도 깔아야겠죠? 찬장에는 예쁜 리본으로 장식된 리넨을 넣어두고, 최신 유행하는 옷들과 꽃 장식이 달린 모자도 사요. 벽에는 그림을 걸어야죠. 매일 사용할

유리잔들과 파티 때 쓸 와인 잔도 있어야 해요. 그릇과 접시도 있어
야죠. 갑자기 배가 고프거나 손님이 들이닥칠 때를 대비해 작은 저
장고도 있어야 해요. 그리고 열쇠가 엄청나게 많이 달린 열쇠 고리
도 가지게 되겠죠. 고리를 흔들면 달가닥달가닥 소리가 나야 해요.
우릴 행복하게 만들 것들을 더 넣어두죠. 책들, 바느질 책상, 그리고
안락해지는 램프도 필요해요. 이 모든 건 당신이 힘들지 않도록 아
주 잘 정리되어 있어야 해요.[2]

아버지의 사업 실패로 어린 시절 프라이베르크에서 빈으로 이
사한 후 프로이트는 한 번도 유복한 생활을 누린 적이 없었다. 늘
여유가 없었고, 도판이 많은 값비싼 책을 사는 일은 아버지의 눈
치를 봐야 했다. 물론 지참금을 마련한다는 건 무엇보다 어려운
일이었다. 그는 보수가 좋지 않은 연구원으로 시작하여 결혼을
할 당시에는 분석가가 되어 있었지만, 결혼 직전까지도 경제적
인 압박을 호소한다. 이 시기 그의 편지에는 하루 수입과 조금 더
수입을 늘리기 위한 전략, 그리고 그가 참아야 하는 것들의 목록
이 나열되어 있다. 그는 피아커마차택시를 타는 것도 가능한 한 피
하는데, 어쩌다 먼 거리의 출장 때문에 어쩔 수 없이 피아커를 타
게 되었을 때는 약혼녀에게 자신이 아침나절 두 시간을 낭비했
으며, 며칠 저녁을 줄이며 아낀 돈을 다 써버렸다고 하소연한다.

약혼녀를 만났을 때 프로이트는 브뤼케 교수의 생리학 실험실에서 연구를 수행하고 있었으며 어린 시절에 그랬듯이 관찰하고 객관적인 자료를 수집하여 결과를 도출해내는 과학적 연구 방법에 매력을 느끼고 있었다. 공부하고 연구하는 일은 그가 가장 좋아하는 것이었다. 그러나 그것만으로는 충분한 돈벌이가 되지 않았으며 그보다는 환자를 받고 치료하는 일을 병행하는 것이 더 현실적인 선택이었다. 프로이트는 보이는 것을 중심으로 연구할 수 있는 신경생리학을 떠나 보이지 않는 것을 대상으로 치료해야 하는 신경병리학에 입문한다. 당시 그가 가장 중요하게 생각했던 것은 약혼녀와 빨리 결혼할 수 있도록 삶의 기반을 닦는 일이었다. 이 목표에 대한 타협의 결과로 그는 분석가가 된다. 그리고 마침내 자신만의 분석실을 열게 된다. 그것은 사실 청소년기부터 그가 추구했던 방향과는 반대되는 것으로서, 보이는 것에서 보이지 않는 것으로, 객관에서 주관으로, 과학에서 비과학으로 역행하는 길이었다. 그러나 보이지 않는 비과학의 길에 들어선 그는 그것을 자료에 의한 분석, 즉 과학으로 재구축하게 된다.

분석가로서의 프로이트의 행보에서 우리는 연구와 책에 대한 그의 관심이 오히려 더욱 증폭되고 있다는 것을 알 수 있다. 8,000쪽에 달하는 논문들과 7,000쪽이 넘는 편지들을 통해 그는 자신의 주특기를 마음껏 발휘하며 살아간다. 프로이트는 평생 경제적으로 압박을 받았고, 아리아인이 아닌 유대인이었으며, 장모에게도 그리 환영받지 못한 사위였지만, 이 모든 것이 프로이트라는 사람에게 근본적인 상처를 주지는 못한다. 그는 늘 그 자신으로서 생각하고 말하고 행동했으며, 현실의 상황에 타협한 뒤에도 언제나 자신이 가장 좋아하는 것들을 추구했다. 그는 타협을 하면서도 항상 동시에 자기 자신일 수 있었던 것이다. 기반이 잡힌 그는 이제 정신분석학이라는 학문을 만들어가기 시작하며 연구의 영역을 삶의 중심에 다시 펼쳐낸다.

프로이트는 1896년 처음으로 정신분석학이라는 개념을 사용한다. 물론 성에 대한 지나친 강조와 보이지 않는 것을 명확히 볼 수 있는 것으로 해명하고자 했던 그의 시도는 많은 비판을 받았고, 진정한 정신분석학이 탄생할 때까지 다시 오랜 시간이 걸린다. 그것은 그가 보이지 않는 것을 인정하게 되는 수련 과정이기도 하다. 우리는 이어지는 네 번째 장에서, 그를 도와 또는 그와 겨루며 정신분석학을 완성하는 플리스, 아들러, 그리고 융의 이야기를 나누게 될 것이다. 그 전에 먼저 프로이트가 들려주는 사랑 이야기에 조금 더 머물러보자.

당신을 위해
내 세상을 멈추다

억압된 대상의 귀환[3]

『그라디바』는 사랑에 관한 빌헬름 옌젠의 소설이다. 이 소설
에 대한 비평은 프로이트 전집에서 어떤 논문보다 사랑의 힘과
그 메커니즘을 잘 설명하는 글이라 할 수 있다. 주인공인 하놀트
는 사랑을 통해 자신의 강박적 세상을 벗어나는 남성이며, 조이
는 아버지를 닮은 하놀트를 사랑하게 되는 인물로 등장한다. 소
설과 비평 모두 의식을 움직이는 무의식의 힘을 잘 보여준다. 세
상과 관계를 맺지 못한 채 고립된 상태로 살아가던 하놀트는 사
랑에 눈을 뜨며 세상으로 나아가게 된다.

이야기는 고고학자 하놀트가 박물관에서, 걷는 여성의 모습이 조각된 부조를 발견하고 그 조각에 매료되면서 시작한다. 그는 모형을 구매하여 집으로 가져오는데, 프로이트는 무엇인가가 주인공의 마음을 "사로잡았으며 그 느낌이 사라지지 않고 지속되었다"는 점을 강조한다. 이것은 조이에게도 해당하는 부분이다. 비록 오랜 시간 하놀트를 만나지 못했으며 하놀트는 고고학 이외에는 어떤 것에도 관심을 가지지 않는 남성이었지만, 오히려 바로 그 점 때문에 조이는 그를 잊지 못하고 있었다. 하놀트의 무심함이 도마뱀 이외에는 어떤 것에도 관심이 없는 아버지의 특성과 동일했기 때문이다. 그것은 조이가 가장 많이 경험했으며 가장 익숙하게 느끼는 특성이기도 했다. 어떤 절실함에 의해 하놀트는 여성의 부조를 마음에 담게 되었고, 유사한 절실함으로 조이는 자신에게 관심이 없는 어린 시절 친구를 기다리고 있다. 이야기가 전개되며 우리는 하놀트가 부조에 마음을 빼앗긴 이유는 그가 부조에서 자신의 어린 시절 단짝 친구인 조이의 모습을 보았기 때문이라는 사실을 알게 된다. 더불어 조이가 동물학 교수인 아버지와 고고학 교수인 하놀트를 무의식중에 동일시하고 있다는 점도 추측하게 된다. 즉 두 남녀의 마음속에서 무의식적으로 과거의 감정적 유대가 되살아났던 것이다.

프로이트는 사랑 역시 동일시를 통해 설명한다. 자아의 한 부

삶의 중심을 찾다

분이 된 타인들은 우리의 의식이 그 존재를 잊고 살 때조차 언제나 무의식의 저편에 각인되어 있으며, 어느 순간 마치 외부에서 나타난 듯 우리 눈앞에 되살아난다. 이유 없이 하게 되는 행동들, 이상하게 마음이 가는 대상들은 그 대상 자체에 원인이 있는 것이 아니다. 근본적인 원인은 그것을 보는 사람의 내부에 존재한다. 삶의 초기에 무엇을 경험했는가, 그리고 그 경험을 통해 자아가 어떤 상들을 담게 되었는가는 이처럼 훗날의 선택을 결정한다. 프로이트는 하놀트가 그 부조를 우연히 만나 부조 자체의 매력에 빠진 것이 아니라 이미 자아의 그릇에 담겨 있던 상이 그것과 닮은 세상의 세부에 덮어 씌워져 부활한 것이라고 말한다. 그는 어린 시절 단짝이던 소녀를 잊고 살아갔지만, 그의 무의식 속에 있는 소녀의 상은 그를 잊지 않았던 것이다. 여기서 우리는 자아의 무의식적 부분에 대해 이야기할 수 있다. 조이의 경우, 그녀의 의식은 아버지의 무심함에 치를 떨고 있지만, 그녀는 무의식적으로 아버지와 동일한 무심함을 보여온 남성을 선택한다.

프로이트는 하놀트가 조이라는 사랑의 대상에게서 온 힘을 다해 도망치다 멈추어 선 바로 그 지점에서 조이를 다시 만나게 된다는 사실을 지적한다. 그는 바로 그것이 무의식적 동기가 의식을 뚫고 드러나는 필연적 과정이라고 설명하며 억압된 것은 반드시 돌아온다는 명언을 덧붙인다. 피하려 하면 할수록 자신이 피하는 그 대상에 접근한다는 것이다. 그렇다면 방법은 내가 회피하는 바로 그 대상을 대면하고, 회피의 과정을 직면하며 이에 대해 대책을 세우는 것이다.

소설은 그러한 무의식적 행위를 묘사하면서도 동시에 무의식적인 필연적 선택 너머로 나아갈 수 있는 개인의 자율성에 대해서도 이야기한다. 바로 그것이 진정한 사랑에서 일어나는 일이다. 하놀트의 경우, 그가 회피하는 대상은 언젠가 그가 마음에 담았던 소녀다. 그 행복한 느낌을 억누르고 산 세월 동안 그는 감정을 느끼지 못하게 되었으며 모든 인간관계로부터 차단된다. 그가 하는 유일한 일은 연구다. 그러나 조이를 만나고 그는 용기를 내기 시작한다. 어떤 것도 느낄 수 없었던 그가 몸과 마음의 감각들을 깨우기 시작하는 것이다. 꽃이 아름다워 보이고, 파리 떼처럼 보이던 신혼부부들이 사랑스러워 보이며 그러한 일련의 과정 끝에 조이에 대한 마음을 온전히 다시 체험할 수 있게 된다. 그는 스스로, 자기가 부조를 사랑하게 된 것이 조이에 대한 기억에서 비롯된 선택이었다는 것을 설명해내고, 소설의 마지막에서는 조이의 연인이 된다. 조이의 경우도 마찬가지다.

우리는 여기서 부모의 상을 선택하는 전형적인 정신분석적 대상 선택 너머의 이야기를 들을 수 있다. 무의식적으로 가장 익숙한 유형을 선택하여 결국 항상 아버지와 동일한 문제를 가진 나

그라디바 부조

『그라디바』는 마음이 닫힌 주인공이 예전의 기억을 되찾고 사랑을 시작하는 이야기다. 이 소설에 대한 비평 『옌젠의 『그라디바』에 나타난 망상과 꿈』은 프로이트가 본격적으로 시도한 첫 번째 문학 비평이다. 왜 이 아름다운 부조가 하놀트의 눈에 띄었을까? 부조 자체의 아름다움 때문일까? 프로이트는 그 부조가 다른 작품들보다 특히 아름답기 때문에 눈에 띈 것이 아니라고 답한다. 그것이 내가 마음속에 간직하고 있는 이미지와 닮았기 때문에 그 부조에 눈이 간 것이다. 나의 내면에서 뻗어나가 외부의 사물을 내 눈 앞에 당겨오는 그 에너지가 바로 리비도다.

쁜 남자들만을 선택하는 여성들의 경우와 달리 조이는 그 문제 자체를 해결함으로써 사랑에 성공한다. 비록 대상 선택은 그렇게 시작되지만, 조이는 결코 수동적으로 무의식적 선택에 휘둘리지 않는다. 그녀는 하놀트가 그렇게 변하기 전 활기 있던 모습을 기억하고 있다. 그리고 하놀트가 예전의 모습으로 돌아가도록 조력하며 사랑을 준비해간다. 결코 변하지 않는 아버지의 모습과 달리 하놀트가 온전히 예전의 모습을 되찾았을 때 그녀는 그를 허락한다.

프로이트에 의하면 조이는 이 소설에서 하놀트를 치유하는 분석가의 역할을 하고 있다. 삶의 생기를 잃은 하놀트가 '생명'이라는 뜻의 이름을 가진 조이Zoe를 만나 삶을 되찾는 것이다. 그런데 여기서 삶이란 하놀트가 살던 기존의 삶을 정지하는 새로운 삶을 뜻한다. 그것은 그가 옳다고 믿던 것, 편안한 것, 그가 안전하다고 느끼던 바로 그 세상을 파괴하는 삶이다. 프로이트는 이것을 사랑이라고 부른다. 지식과 이성만을 신봉하며 감정을 혐오하던 하놀트는 이 과정에서 지식보다 사랑이 더욱 중요한 것이라는 사실을 깨닫는다. 프로이트는 이 소설이 임상 사례라는 부제를 달아도 될 만큼 현실적인 치유 이야기라고 말한다. 현실적인 이야기라면 우리는 여기서 마지막 질문을 해야 할 것이다. 과연 조이의 아버지가 그들의 관계를 어떻게 생각할까? 이에 대해 걱정하는 하놀트에게 조이는 "난 있잖아, 아버지의 동물학에 필수적인 요소가 아니야"라고 답한다. 이는 부모의 형상에 얽매여 자율적 선택을 하지 못하는 수많은 프로이트의 환자들과는 차별화된 답변이다. 그러나 정신분석은 다음과 같은 이론을 통해 실제로 현실에는 그러한 자율적 인간이 그리 많지 않다는 것을 보여준다.

가족 로맨스에서 벗어나기

1906년에 『그라디바』를 통해 사랑에 대해 이야기한 프로이트는 4년 후 소설 속 사랑 이야기가 그리 현실적이지 않았다고 말한다. 『그라디바』 비평에서는 소설이 치유적인 정신분석학적 사례 그 자체라고 감탄했으나, 몇 년의 시간 동안 그러한 이상적 과정이 현실에서는 자주 일어나지 않는다는 것을 깨달은 것이다. 그는 1910년 「인간이 대상을 선택하는 특별한 방식」이라는 논문에서 현실적인 사랑 대상 선택에 대한 정신분석학적 소견을 피력한다. 그는 논문의 서두에서, 지금까지 우리는 "'사랑에 빠지는 필수 조건'이라는 것에 대한 묘사는 창조적인 작가들의 몫"이라고 생각해왔지만, 사실 그들의 현실 묘사에는 어떤 결함이 있다고 설명한다. 그들은 반드시 미학적인 쾌락을 산출하는 결과물을 창조해야 하므로 현실 그 자체를 어떤 인공적 수정도 없이 재현하지는 못한다는 것이다. 프로이트는 그들이 자신들의 목적을 위해 어느 대목을 다듬어버리거나 불편한 지점들을 쳐내고, 전체적으로 서사를 조율하기 위해 빠진 부분을 임의로 채워넣기도 한다고 비판한다.

실제 사랑 이야기는 『그라디바』의 주인공들에서와 같이 아름다운 치유 이야기보다는 무의식적 왜곡과 인생의 덫과 끔직한 반복으로 점철된다는 것이다. 계속 나쁜 남자만 만나는 여자, 연인이 있는 여자만을 사랑하는 남자 등 대상 선택에 특정 유형들이 있는 경우 그것은 십중팔구 내면에 간직된 부모의 상이 그 사람을 조정하는 사례들이다. 즉 현실적인 사랑 이야기를 하기 위해서는 그라디바가 아버지를 닮은 남자를 선택하게 된 동기나 하놀트가 매료된 그 조각 자체에 대해 더욱 자세히 살펴보아야 한다는 것이다. 그것은 소설에서와 같이 하나의 과정으로 지나칠 수 있는 단계가 아니라, 벗어나는 것이 소설처럼 쉽지만은 않은 우리 모두의 덫이자 운명일 수도 있기 때문이다. 그 난제를 해결하는 것이 바로 프로이트가 평생 연구한 정신분석학이다.

프로이트는 모든 남성의 대상 선택은 자아에 각인된 어머니상을 원형으로 삼는다고 주장한다. 아이는 평생 어머니가 자신에게 전해준 부드러운 느낌을 찾아 헤맨다. 프로이트는 인간이 그 느낌에 "고착"되어 있다고도 말한다. 그러므로 남성이 만나게 되는 수많은 여인들은 모두 어머니의 불충분한 대리자들이라할 수 있다. 여기서 문제는 그 대리자들이 어머니의 완벽함을 충분히 모사하지 못한다는 것이다. 프로이트는 어머니라는 원형을 "대체 불가능한 것"이라 부른다. 어떤 대리자도 어머니를 완벽하게 대체할 수는 없다. 그러므로 그러한 완벽함을 추구하는 한, 남성에게 남겨진 유일한 선택은 하나의 불충분한 대리자에서 그다음 불충분한 대리자로 이동하는 것뿐이다. 이는 결코 끝날 수 없는 여정이다.

그렇다면 연인이 있는 여성을 사랑한다는 말은 무슨 뜻일까? 프로이트는 이를 오이디푸스 콤플렉스가 제대로 해소되지 않았을 때 나타날 수 있는 결과라고 설명한다. 오이디푸스 콤플렉스라는 개념은 이렇게 「인간이 대상을 선택하는 특별한 방식」에서 공식적으로 처음 도입된다. 그것은 이성의 부모와 아이 사이에 동성의 부모가 존재하는 구도에서 아이가 느끼는 분노와 사랑을 설명하는 개념이다. 어머니와 한 몸이고자 하는 아들이 어머니 옆에서 어머니를 보호하는 아버지에 대해 경쟁심을 느끼게 된다는 것인데, 이 논문을 쓰기 2년 전 「가족 로맨스」라는 글에서 프로이트는 아이들이 부모를 대상으로 만드는 복잡한 서사를 "환상"으로 정의한다.

가정이라는 것은 이와 같은 환상 서사들이 만들어지는 공간이며 이 시나리오에 의해 훗날 아이가 성인이 되었을 때 그의 대상 선택이 결정된다. 프로이트는 여기서 아이들이 자주 부모가 신화의 영웅들이라고 믿는다는 점을 지적하며, 그것은 언젠가 부모에 대해 실망했던 일을 무효화하려는 아이의 노력이라고 설명한다. 그것은 초라해 보이는 부모를 대단한 부모로 바꾸려는 노력이며, 부모가 보여주는 현재의 약한 모습 대신 부모가 완벽하다고 믿었던 예전의 시간으로 거슬러 올라가려는 아이의 시도이기도 하다. 프로이트는 아이가 과장된 자신의 믿음을 무너뜨리는 현실에 직면했을 때 부모의 완벽한 이미지를 더 이상 간직할 수 없게 되며, 평생 그것을 보완하기 위해 노력한다고 설명한다. 바로 이 무모한 노력에 의해 아이는 불충분한 부모-대리자들 사이를 끝없이 방황하게 되는 것이다.

「가족 로맨스」를 시작하며 프로이트는 정신분석에서 '발달'은 정신적 이유를 뜻한다는 점을 설명한다. 논문의 첫 줄에서 프로이트는 개인의 성장이란 부모의 권위로부터 진정으로 해방되어 자신만의 자율성을 획득하는 과정을 뜻한다는 점을 강조하며, 이는 모든 인간에게 필수적인 과정이지만 동시에 언제나 매우 고통스러운 발달 과정이라고 말한다. 정신적 이유가 고통스러운 까닭은 가족 로맨스라는 오이디푸스적 서사를 통해 궁극적

삶의 중심을 찾다

으로 아이가 경험하는 것은 완벽함과 완전함의 상실이기 때문이다. 이 상실은 결코 복구할 수 없는 정신적 파괴로서, 개인은 아주 오랜 시간 또는 평생 이 패배를 극복하고자 부질없는 시도를 반복하게 된다. 불완전함을 받아들이지 못한다면 그는 평생 완전함이라는 허상에 갇혀 부모-대리자 사이를 끝없이 헤맬 것이다. 프로이트가 강조하듯, 성장이란 자율적인 인간이 된다는 것이다. 그것은 한때 부모에 대해 가졌던 완벽한 서사를 포기한다는 뜻이며, 부모-대리자보다는 나 자신의 불완전함을 사랑해줄 불완전한 인간을 선택한다는 것을 의미한다. 오이디푸스 콤플렉스의 해소는 바로 이와 같은 불완전함을 수용하고 그 이후에 펼쳐지는 진정 자유로운 삶을 위한 첫 단추를 채우는 행위라고 할 수 있다. 만약 평생 가족 로맨스에 묶인 채 자율성을 획득하지 못한다면, 그 사람은 결코 온전히 자신의 판단으로 선택하고 결정하고 책임지는 성인이 될 수 없다.

자라지 않는 아이들[5]

2015년 9월 12일 한남동에서 살인사건이 발생한다. 평소에 아들의 여자 친구 이씨를 못마땅하게 생각해오던 박씨는 그날 저녁 이씨와 전화로 말다툼을 벌인다. 통화 후 억울한 생각이 들던 이씨가 오해를 풀기 위해 남자 친구의 집으로 왔을 때, 박씨는 준비했던 칼로 이씨를 살해한다. 어머니가 칼을 꺼내 들었을 때 아들은 자신의 어머니가 칼을 들고 여자 친구를 기다린다고 경찰서에 신고를 한다. 파출소는 불과 5분 거리에 있었지만, 이 사건이 인근의 가정폭력 신고와 동일 사건이라고 착각한 경찰은 어머니가 칼을 들고 집 밖으로 나올 때도 여전히 다른 사건 현장에 머물고 있었다. 아들은 15분 후 112센터에 재신고를 했으나 이번에도 경찰은 정확한 주소지 확인 없이 여전히 다른 곳에서 시간을 허비한다. 인근에서 헤매던 그들은 결국 신고 접수 후 30분이 지나서야 걸어서 현장에 도착하는데, 이때는 이미 이씨가 흉기에 심장을 찔린 이후로, 결국 이씨는 이 치명상과 경찰의 늑장 대응에 의해 목숨을 잃게 된다. 2016년 4월 26일, 1심에 이어 2심에서도 어머니 박씨는 징역 12년 형을 선고받는다.

《궁금한 이야기 Y》는 이 사건을 취재하며 신고 당시 상황에 대한 녹취 내용을 공개했다. 다음은 아들이 첫 번째 신고를 했을 때의 상황이다.

신고자: 지금 어머니가 제 여자 친구와 말다툼을 했는데 ……, 여자 친구가 집에 온다고 했는데 말리려고요. 예전에 안 좋은 일이 있었어요. 제지 좀 해달라고 지금 전화를 했어요.

접수자: 여자 친구 분은 어디 있어요?

신고자: 모르겠어요. 여자 친구는 전화를 안 받고, 집에 올 거 같아요.

접수자: 아직 와 있는 상태는 아니시잖아요?

신고자: 예.

접수자: 죄송한 말씀인데 아직 이루어지지 않은 상황에서는 경찰관이 출동할 사항이 아닙니다. 현장에 여자 친구와 어머니하고 아직 대면을 안 한 상황이니깐 서로 시비가 되지 않은 상황이잖아요?

신고자: 어머니가 지금 칼 들고 ……, 칼 들고 지금 막 그러니까 내가 무서워서 전화를 한 거예요! (흥분한 여자 욕설 소리)

이 녹취 내용에서 이상한 부분은 아들이 접수자가 상황을 이해하지 못하자 마지막에야 어머니가 칼을 들고 있다는 말을 한다는 점이다. 왜 아들은 어머니가 지금 칼을 들고 나가 여자 친구를 기다리고 있다는 말을 가장 먼저 꺼내지 않았을까? 아들은 여자 친구를 보호하기 위해 전화를 했지만 신고를 하면서도 어머니를 보호하고 있다. 피해자 이씨는 박씨와 통화를 한 후 억울한 일이 생겨 누굴 좀 만나서 해명을 하고 오겠다며 잠옷 차림으로 집을 나섰다. 피해자는 혼자 이 억울한 일에 대해 해명을 하기 위해 노력하고 있었고, 아들은 그 시간 경찰에 신고를 하고 있다. 아들은 여자 친구를 말리기 위해 집 앞으로 나오는데, 어머니는 칼을 들고 그를 따라 나온다. 왜 아들은 집안에서 칼을 든 어머니를 말리는 대신 여자 친구의 도착을 막기 위해 집 밖으로 나갔을까? 그는 어머니의 위협적 행동은 경찰에 알리고 자신은 어머니가 아니라 여자 친구를 말리고 있다.

당시 용산경찰서 형사과장은 남자가 몸싸움을 말리는 과정에서 칼을 들고 있는 어머니가 아니라 왜 여자 친구를 잡았는지 이해가 되지 않는다고 말한다. 《궁금한 이야기 Y》의 제작진 역시 60대 노모를 30대의 아들이 제압하지 못했다는 것에 의문을 던진다. 아들이 112에 신고를 한 것에 대해 가족심리 치유 전문가인 최광현 교수는 어머니와 아들이 "모자 공생 관계"를 형성하고 있었다고 설명한다. 아들과 둘이 살면서 기댈 곳이라고는 아들밖에 없는 어머니가 아들에게 정서적으로 지나치게 의존하고 있었다는 것이다. 최 교수는 이 결합이 매우 강력했으며 아들은 가능한 한 어머니와의 관계를 유지하고자 노력할 수밖에 없었을 것이라고 추측한다. 더불어 그는 아들이 여자 친구와도 관계를 유지하고 어머니와도 정신적 유대를 유지하는 유일한 방법은 경찰이라는 "제3자의 도움"으로 문제를 해결하는 것이었다고 말한다.

여자 친구를 포기할 수도 없고 어머니를 포기할 수도 없는 상황에서 아들은 경찰 신고를 선택했으나 경찰의 착오로 제3자는 현장에 도착하지 않는다. 이때 아들은 칼을 든 어머니와 여자 친구의 중간에서, 자신이 회피하려던 바로 그 역할을 맡게 된다.

언론은 주소지를 제대로 찾지 못한 경찰들을 비난하며 경찰만 제때 출동했다면 이 살인을 막을 수 있었을 것이라고 진단했지만, 이와 함께 우리가 짚고 넘어가야 할 대목은 이 사건을 막았어야 하는 사람이 바로 아들이었다는 점이다. 칼이란 자르고 분리하는 도구다. 관계를 자를 수 있는 도구가 바로 칼인 것이다. 어머니가 아들의 여자 친구를 대상으로 칼을 드는 행위에는 아들의 삶에 개입하는 것이 당연하다는 생각이 전제되어 있다. 내 마음에 흡족하지 않으므로 아들의 삶을 재단할 수 있다는 생각을 하고 있는 것이다. 내 마음대로 되지 않는 것이 속상하고 아들 옆에 있는 여자가 사라져 다시 아들이 내 마음에 드는 일을 하길 원하고 있다. 즉 박씨는 아들의 자율성을 인정하고 있지 않다. 아들역시 자율적 성인이라고 보기 어렵다. 어떤 일이 생겼을 때 스스로 판단하기보다는 어머니의 눈치를 살피기 때문이다. 그 태도에 의해 아들에게 있어야 하는 힘이 어머니에게 양도된다. 아들의 삶에 어머니가 개입하는 것이 당연한 상황이 초래되는 것이다. 이것은 하나의 특수한 사례라기보다는 어른이 되지 못한 채 어머니와 아내의 등 뒤에 숨어 자신 없이 아내와 어머니가 만사를 해결하게 만드는 모든 남성들의 이야기다.

세상과 손을 잡다

앞 장에서 소개한 닉 부이치치는 한 강연에서 훗날 그의 부인이 되는 카나에 미야하라를 만난다. 쉬운 시작이 아니었고 가능한 일처럼 보이지도 않았다. 카나에에게는 남자 친구가 있었고, 첫 만남에서 카나에는 닉이 자신의 언니를 좋아한다고 오해하고 있다. 그러나 결국 그들은 서로에 대한 사랑을 확인하고 오해가 풀리며 연인이 된다. 키 비브라 베라Qui vivra verra. '될 일은 언젠가는 이루어진다.' 카나에의 어머니는 딸이 팔과 다리가 없는 닉을 사랑한다고 말했을 때 그들의 관계를 축복하며 "할렐루야"라고 외쳤다. 이렇듯 그녀의 부모는 딸의 선택에 어떤 반대도 하지 않았으며 오히려 전적으로 그녀를 지지했다. 가족의 축복 속에 결혼한 그들은 2016년 현재 두 아이의 부모가 되었다. 결혼 전 닉의 부모는 카나에에게 만약 아이를 낳았을 때 닉과 같이 팔과 다리가 없는 아이가 태어난다면 어떻게 하겠는가라는 질문을 던진다. 그때 카나에는 답한다. "괜찮아요. 적어도 그들에게는 좋은 롤모델인 닉이 있으니까요. 다섯 명이 모두 그렇게 태어나도 닉을 사랑하듯 사랑할거예요." 2010년 오랜 기다림 끝에 연인이 되었을 때 닉은 사기를 당해 재정 파탄 상태에 이르게 되는데, 그때도 카나에는 담담히 상황이 나아질 때까지 자신이 직장을 다녀서 생계를 책임지겠다고 말한다.

여기 세상과 손을 잡은 또 한 커플이 있다. 션과 정혜영 부부다. 《힐링캠프》[6]에 출연한 그들은 어떻게 자신들이 어떤 정답도 없는 세상에서 자신들만의 답을 내고 있는가를 보여주었다. 그들은 자식이 804명이라고 말하는데, 2015년 우간다 어린이 100명을 더 후원하게 되면서 2016년 현재 그들은 904명의 자녀를 키우고 있다. 4명은 그들이 낳은 아이들이고 900명은 정기적으로 후원을 하고 있는 아이들이다. 정혜영은 생명을 구하는 일이 내 집 마련보다 먼저라며 적금을 해지했다고 한다. 왜 그렇게 모두가 알게끔 봉사하느냐는 이경규의 질문에 션은 혼자서는 할 수 없으며 사랑으로 함께할 때만 가능한 일이기 때문이라고 답한다. 예를 들어 연탄을 때는 15만 가구에 연간 500만 장의 연탄이 필요한데, 그것은 한 사람이 감당할 수 없는 양이다. 그러나 2014년 SNS 홍보 등으로 도움을 요청했을 때 총 100만 장의 연탄을 기부할 수 있었다는 것이다. 2016년 3월에 방송된 《MBC 다큐스페셜》[7]에서도 션과 정혜영은 네 아이들과 함께 연탄을 배달하고 있다. 배달까지 하는 경우 비용을 장당 300원씩 줄일 수 있다. 션이 후원하는 아동복지시설의 아이들도 봉사자로 참여했는데, 그들은 션을 "션아빠"라 부르고 있었다.

2014년 3월 착공하여 지난 2016년 4월 28일 상암동에 국내 최초 어린이 재활병원이 개원했다. 일본의 경우 어린이 재활 전문병원이 202개[8]인 반면 우리나라는 지금까지 약 30만 명의 장애 어린이들이 찾아갈 수 있는 재활 전문병원이 단 한 군데도 없었다. 션과 정혜영은 푸르메재단 넥슨 어린이 재활병원 개원에 큰 역할을 했다. 션은 '션과 함께하는 만 원의 기적'이라는 재단의 모금 캠페인과 철인 3종 경기, 마라톤 등에 참여하며 7년간 병원 건립 기금 모금에 전력투구했다. 만 원의 기적 캠페인은 션이 제안한 것이다. 그는 만 명이 하루에 만 원씩 365일 동안 정성을 모으면 병원 개원이 가능할 것이라고 생각했다. 션이 철인 3종 경기를 시작하게 된 계기는 세 가지 난치병과 여섯 가지 불치병을 가진 은총이와의 만남이다. 은총이의 아버지는 은총이에게 넓은 세상을 보여주기 위해 철인 3종 경기에 도전했고 2011년 은총이를 만난 션이 이에 동참한다.

그들은 이와 같이 다른 사람의 손을 잡고, 보이지 않는 곳의 사람들을 후원하며 그렇게 자아의 용량을 넓혀간다. 프로이트는 『문화 속의 불쾌』에서 자아가 세상으로 넓게 퍼져 모든 사물과 하나가 된 상태를 '대양적 감성'이라고 부른다. 나와 남이 하나가 되고 내부와 외부의 경계가 무너지며 내 몸과 타인의 몸이 하나가 되는 것이다. 션, 정혜영 부부는 그러한 에로스의 시작이 바로 가정이라고 말한다. 닉 부이치치 역시 사랑을 전파하는 출발점은 가정이라고 강조한다. 온전한 나 자신이 될 수 있게 도와주는 배우자, 그와의 사랑이 모든 것의 시작이라는 것이다. 정답 없는 세상에서 사랑의 힘을 믿고 또 다른 생명에게 손을 뻗치는 것, 바로 그것이 삶의 정답이라는 확신으로 살아가는 이 부부의 이야기는 결코 특별하지 않다. 그것은 타인의 손을 잡고 경계를 넘어 연대하는 사람들의 이야기에 다름 아니다.

나눔보다는 내 몫이 더 중요하고, 내 아이만, 내 가족만 중요한 세상에서 위의 이야기들은 진정한 사랑이 무엇인지 가르쳐주는 사례들이다. 션의 양육 방식을 관찰하는 것도 흥미롭다. 그는 아이를 온전한 하나의 인격체로 대한다. 닉 부이치치 역시 아이를 양육할 때 반드시 필요한 것은 소통과 규칙이라고 말한다. 션이 큰아이에게 동생을 맞이하는 방법을 준비시키는 과정은 다음과 같다. 그는 이것이 아이에게는 매우 힘들고 어려운 단계라는 점을 강조한다. 어머니가 동생을 데리고 들어올 때 아이는 마치 남편이 첩을 데리고 들어왔을 때 본처가 느끼는 망연자실을 경험하게 된다는 것이다. 그는 동생이 엄마 뱃속에 있을 때부터 동생의 존재에 대해 가능한 한 자주 이야기해야 하고, 아이가 태어났을 때도 어머니가 동생을 안고 들어가기보다는 어머니와 동생이 분리된 이미지를 먼저 보게 해야 하며, 어머니가 처음 아기를 안아줄 때도 반드시 큰아이의 허락을 받고 시도해야 한다고 말한다. 아기 침대에서 아기가 울기 시작하자 션은 첫째에게 어머니가 아이를 안고 젖을 주어도 되는지 묻는다. 물론 아이는 안 된다고 답한다. 그래서 어떻게 했냐는 《힐링캠프》 사회자의 질문에 션과 정혜영은 그냥 잠시 둘째가 울게 놔둔 채로 첫째의 답을 기

삶의 중심을 찾다

다렸다고 말한다. 시간이 조금 흐른 뒤 아기가 계속 울자 시끄러웠던 첫째는 어머니와 아기의 접촉을 허락한다. 이것이 진정한 소통이다. 사랑하는 사람과 소통하고 그와 진정으로 한 몸이 될 수 있는 사람은 자신의 아이들과도 성숙한 방식으로 소통할 수 있다.

왜 내가 대신 판단해주고 결정해주어야 한다고 생각하는가? 답은 의외로 간단하다. 그냥 아이에게 물어보면 된다. 그렇게 아이와 이야기를 시작하면 된다. 온전한 내가 된다는 것은 세상으로 나아가 타인의 손을 잡고 그들과 소통할 수 있을 정도로 성숙해진다는 뜻이다. 그것은 전문가가 되는 여정의 출발점이다. 여기서 가장 중요한 것은 그가 만나는 스승들이다. 스승과 멘토의 범위에는 동료와 친구 등 그의 사유를 확장시키고 전문성을 구비하게 돕는 모든 이들이 포함된다. 프로이트 역시 수많은 사람들을 만나며 그 과정에서 전문가가 된다. 이 여정에서 프로이트가 처음 만난 사람은 빌헬름 플리스다.

4

자신의 한계를
넘어서

일하는 모습에서 그 사람이 어떤 사람인지 알게 되는 경우들이 있다. 모든 일들을 그냥 했다손 치고 넘어가는 사람이 있는가 하면, 정말 세상에 도움이 되고자 최선을 다하는 이들도 있다. 겉으로 보이는 것만 중요하게 생각하는 사람이 있는가 하면, 무슨 일이든 제대로 하려고 노력하는 사람도 있다. 세월호 참사와 메르스 사태는 모두 전자들이 준비해놓은 예견된 재난들이었다. 전문가 없는 세상은 절멸의 방향으로 치달아 침몰할 수밖에 없다. 전진에 필요한 지식이나 에너지를 비축할 수 없기 때문이다. 그들이 끊임없이 가식과 허식 속에 가려 덮었던 일들은 결국 우리 모두에게 고스란히 되돌아온다. 이 파국에서 우리를 구하는

자신의 한계를 넘어서

것은 전문가들의 몫이다.

내 안에 있는 가장 멋진 것을 최대한으로 성장시켜 그것을 세상 속에서 발휘하며 살 수 있다면 얼마나 뿌듯할까? 내 존재 자체가 남을 도울 수 있고, 내가 하는 일 때문에 사람들이 안심한다면 얼마나 행복할까? 사실 그것은 전문가들의 일상이다. 관건은 얼마나 멀리 갈 수 있는가, 내 한계를 얼마나 확장시킬 수 있는가다. 외연이 넓어질수록 우리는 더욱더 많은 사람들의 손을 잡을 수 있게 된다. 내 세상이 넓어지며 나를 필요로 하는 사람들을 더 많이 만날 수 있다. 외연의 확장은 휴머니즘을 위한 필수 전제다. 전문가들이 얼마나 자신의 외연을 넓힐 수 있는가에 세계 문화의 발전이 달려 있다.

전문가란 오랜 시간 한길을 걸어왔기 때문에 그 분야에 대해 잘 아는 사람이다. 전문가가 되기 위한 전제는 자신이 뭘 좋아하는지, 무엇을 할 때 가장 편안한지를 아는 것이다. 그 이후에 비로소 방향이 정해진다. 온전한 나 자신으로서 가장 나다운 것을 선택하는 아이라면 문과를 갈까, 이과를 갈까에 대한 질문 앞에서도 자신만의 답을 쉽게 정할 수 있다. 그러나 전문가 역시 생의 한 지점에서는 자신의 한계에 봉착한다. 문화를 진일보하게 만드는 전문가란 그 한계의 지점에서 경계 너머로 도약하는 사람이다. 이 장과 다음 장에서 우리는 좋은 동일시의 끝에 전문가의 대열에 들어서는 사람들과 전문가들이 자신들의 한계를 넘어서는 극기의 경험을 통해 그 너머로 나아가는 여정을 살펴볼 것이다.

모든 전문가들에게는 각각의 한계가 있다. 내 세상을 얼마나 넓힐 수 있는가는 나 자신의 한계에 부딪혀 내가 어떤 결정을 내리는가에 달려 있다. 그 한계라는 것은 이전에 구성된 축들에 의해 설정되는데, 프로이트의 경우 그것은 '과학'이었다. 이 축을 품고 인내와 믿음으로써 전진하다 보면 전문가가 되겠지만, 바로 동일한 축에 의해 더 이상 전진할 수 없는 지점에 도달하게 된다. 프로이트가 집착한 '과학'은 시간이 지나며 '고집'과 '억설'로 비쳤으며 제자들과 동료들은 그러한 그의 아집에 반대하여 프로이트를 떠나기도 했다. 즉 프로이트를 만든 바로 그 중심이 이제 그를 멈추게 만드는 것이다.

전문가가 되는 여정에서, 좋은 동일시를 통해 자아를 구성할 재료를 수집하는 일은 필수적이다. 그러나 동일시된 이미지들에 구속되거나 압도되지 않고, 그 장점을 흡수하여 나 자신만의 개성과 스타일을 구축하는 작업이 이에 뒤따라야만 한다. 그렇게 형성된 자아는 수많은 동일시들을 통해 더욱 발전하고 성장해나간다. 미래의 모든 것이 불확실하지만, 자기 자신을 믿고 한 걸음씩 걷다 보면 어느 순간 더욱 넓은 세상으로 내 삶이 확장될 것이다. 그 영역에서 그만큼 오랜 시간을 보낸 사람이 없으므로 그는 필연적으로 수많은 다른 영역에 도움이 되는 업적을 남긴다. 미친 듯 보이는 일들, 우스워 보이는 문제, 손가락질 당하는 경험을 모두 극복하고 믿음과 신념으로 한길을 걸을 때 그는 어느 누구도 이르지 못한 곳에 이를 것이다. 그러나 그렇게 다다른 마지막 지점에서 그는 다시 자신의 신념과 믿음에 가로막혀 멈추어 서게 된다. 바로 이 지점에서 프로이트가 융, 아들러와 결별한다. 물론 융과 아들러 역시 그들이 이른 마지막 장소에서 프로이트와 구분된다. 그것은 각자의 선택이었으며 그 선택에 의해 그들의 한계가 설정되는 것이다.

그렇다면 프로이트는 자신의 한계를 극복할 수 있었을까? 우선 그의 믿음과 신념이 전문가가 되는 여정에서 어떤 역할을 했는지 살펴보자.

프로이트의 편지

사비나 슈필라인

사비나 슈필라인은 프로이트의 정신분석학과 융의 분석심리학을 모두 받아들인 분석가로서, 그들에게 각각의 이론으로 분리되었을 때 발생하는 문제점들을 지적했다. 슈필라인은 프로이트에게 신화의 중요성을 강조했고, 융에게 정신분석학을 떠나면 모든 것을 잃게 되는 셈이라고 경고했으며, 또 아들러에게는 프로이트의 정신분석학이 그의 이론적 기반이 될 수 있다고 설명했다. 그녀는 누구보다 열린 마음으로 어떤 이론보다 그 외연이 넓은 치유 기반을 제시한 분석가다.

[편지 | 프로이트가 플리스와 융에게]

코와 성의 상관관계[1]

내 친구 플리스에게

너무나 기쁘게도 히스테리에 대한 우리 이론이 …… 1893년 1월 1일 중앙신경학지에 게재될 거라는군. 내 존경하는 파트너[브로이어]와의 싸움에서 충분히 그 대가를 지불했다고 생각하네.

자네 부부도 행복에 겨운 시간을 보내고 있겠지? 요즘 뭘 하며 지내나? 성탄 즈음에 이곳에 온다는 이야기도 들었는데, 그때 볼 수 있나?

잘 지내게.

[원고] 요즘 생각하는 문제들:

1. 불안 신경증에서 불안은 성 기능의 억제에서 비롯되는 걸까, 아니면 신경증의 원인에 관련된 불안에서 생기는 걸까?

2. 건강한 사람이 훗날 성적 외상을 경험하게 되는 것과 자주 자위를 해온 사람이 그러한 경험을 하는 것은 그 반응이 어떻게 다를까? 양적인 차이일까 아니면 질적인 차이일까?

3. 콘돔을 끼고 관계를 가지는 게 건강에 해로울까?

4. 성 기능이 약하게 태어나는 경우 유전적으로 신경쇠약을 가지게 되는 걸까, 아니면 항상 삶의 초반부에 (간호사 때문에, 다른 사람이 자위를 해주었기 때문에 등) 병인을 얻게 되는 걸까? ⋯⋯

1892년 12월 18일[36세]

[원고] 신경증 병인론

친구여, 자네를 위해 이 원고 전체를 다시 썼다네. 이제 이를 함께 연구해보세. 자네의 어린 아내에게는 이 원고를 보여주지 말게나.

1. 비정상적인 성생활이 원인이 되어 자주 신경쇠약이 나타나게 된다는 것은 잘 알려진 사실이다. 그러나 내가 여기서 제안하고, 앞으로 관찰로써 검증하고자 하는 것은 신경쇠약이라는 것이 언제나 예외 없이 성 신경증이라는 점이다 ⋯⋯

1893년 2월 8일[37세]

자신의 한계를 넘어서

…… 요즘 난 코카인이 많이 필요해. 지난 2~3주 동안 담배도 조금씩 다시 피우기 시작했다네. [자네가 말한 대로] 내 심장 문제의 원인은 코에 있었다는 확신을 가지게 되었다네 ……

1895년 6월 12일[39세]

…… 이 편지와 함께 코와 성의 관련성에 대한 사례 연구를 되돌려 보내네. 내가 자네의 생각에 전적으로 동의한다는 건 말하지 않아도 알겠지? 이번에는 별로 수정할 부분도 없었다네. 몇 군데만 붉은색으로 고쳤어. 이론 부분에서 더 많은 이야기를 듣고 싶네. 자네가 하고 있는 성 대사 화학물질에 대한 연구는 정말 멋져. 잘 해낼 것이라 믿네 ……

1895년 11월 10일

…… 자네가 쓴 『코와 성』이라는 책을 빨리 읽고 싶네. 그런데 여기 병원들에서는 자네 논문을 반박하는 논문을 준비 중이라고 하는군. 그것보다 더 자세히 알아보지는 못 했어. 슈트림펠의 비판이 나한테 전혀 해를 못 끼쳤듯이 그런 비판은 자네에게 어떤 영향도 줄 수 없다네. 난 정말 아무렇지도 않았거든. 자네와 나 우리 둘 모두 정말 멋진 객관적 진실을 손에 넣었다는 확신을 가지고 있어. 우린 (우리 연구 분야에 대해 전혀 알지 못하는) 문외한들이 우릴 알아주지 않

는다 하더라도 아주 오랫동안 아무 문제 없이 연구하게 될 거야.

1896년 2월 13일[40세]

…… 불행히도, 내 아버지 역시 도착증자였던 것이지. 아버지 때문에 내 남동생과 …… 여동생 몇몇이 히스테리를 갖게 된 거야 ……

1897년 2월 8일[41세]

…… 난 더 이상 신경증에 대한 내 이론을 믿지 않아 …… 내가 가치 있다고 믿었던 모든 것들이 무너진 상황에서 심리적인 것만 온전히 남아 있어. 꿈에 관련된 작업[책]도 안전하다네. 그리고 메타 심리학 연구의 출발도 내 생각에는 순조로워. 다만 꿈 분석만으로는 먹고 살 수 없다는 게 문제지 ……

1897년 9월 21일

…… 자기 자신에게 완전히 정직해보는 것도 좋은 연습일 듯해. 일반화할 수 있는 어떤 생각이 떠올랐다네. 나 자신의 사례에도 적용되는 부분인데, 그러니까 내가 어머니를 사랑하고 아버지를 질투한다는 것을 이해하게 되었어. 이 현상이 어린 시절에 공통적으로 일어나는 보편적인 사건이라는 생각이 들어 ……

1897년 10월 15일

자신의 한계를 넘어서

프로이트를 떠나는 융[2]

친구에게

…… 슈필라인이 쓴 원고의 경우, 나는 그녀가 협회에서 읽은 부분에 대해서만 알고 있다네. 정말 머리가 좋은 여성이지. 하는 말 하나하나에 모두 의미가 있어. 그녀가 제안한 공격 충동이라는 개념은 별로 마음에 들지 않지만 말일세. 뭔가 아주 개인적인 문제와 관련해서 개발한 개념 같거든. 슈필라인은 좀 비정상적으로 양가적이라네 ……

1912년 3월 21일[56세]

프로이트

프로이트 교수님께

…… 떠나기 직전까지 슈필라인의 원고를 수정해주었습니다. 시인 호라티우스가 말한 대로 "윗부분은 사랑스러운 여인이나 아랫부분은 생선인 인어"라고 해야겠더군요. 첫 부분은 아주 좋았는데 전개도 그냥 그렇고 결론도 내리막길이었어요. 특히 「신화 속 삶과 죽음」이라는 장은 전체적으로 오류가 많아서 상당 부분을 잘라내야 할 것 같았고요. 한쪽으로 치우친 잘못된 해석들도 문제가 있었습니다. 일단 독서량이 너무 적어요. 깊이 있는 연구가 아니라서 아무

래도 실패작이라고 해야 할 것 같습니다. 그래도 한 가지 인정할 부분은 수수께끼로 가득한 신화의 특성과 관련하여 슈필라인이 자기 자신의 문제를 언급했다는 점이죠 ……

1912년 4월 1일

융 드림

내 친구에게

…… 자네의 혁신에 대해 내가 강한 반감을 가지고 있다는 이야기를 할 수밖에 없군. 두 가지 문제가 있네. 우선 자네의 혁신이라는 게 퇴행적인 것이라네. 지금까지 우리는 불안이 근친상간의 금지에 기인한다는 견해를 지지해왔네. 그런데 지금 자네는 그 반대로 근친상간의 금지가 불안에서 비롯된다고 말하는군. 그건 정신분석이 나오기 전에 흔히들 했던 말이지 않나? 두 번째는 불행히도 자네 이야기가 아들러의 이론과 상당히 닮아 있다는 걸세. 물론 내가 아들러가 만든 이론들 모두를 비판하는 것은 아니라네. 그는 근친상간적 리비도라는 건 "그렇게 연출된 것"이라고 말했지. 신경증자들은 사실 어머니를 전혀 욕망하지 않는다는군. 그저 스스로에게 자신의 리비도로부터 도망칠 구실을 주고 싶을 뿐이며 그래서 그는 자신의 리비도가 너무도 엄청나서 어머니까지도 가만히 두지 못할 정도인 척하는 것이라 하더라고. 기발하긴 하지만, 이것은 그가 무

의식 개념을 전혀 이해하지 못하고 있다는 걸 뜻한다네. 자네 이야기를 들어보면 근친상간적 리비도에 대한 자네의 해석은 조금 다르지 싶은데. 그러나 두 사람의 이론이 약간은 비슷한 느낌이야 ……

1912년 5월 23일

프로이트

교수님이 계신 곳에서는 어느 분들이 학회 발표를 하실지 답을 기다리고 있습니다. 프로그램을 인쇄해야 하니 가능한 한 빨리 답신을 주시면 좋겠습니다.

보내주신 글은 잘 읽었습니다. 「증거를 제시하는 꿈」의 경우, 제가 평소에 좋아했던 교수님의 글쓰기 방식을 볼 수 있긴 했지만, 우리의 시각들에 대해 언급하신 부분은 다소 오해가 있었던 것 같았습니다. 이 오해는 실제 갈등과 관련되는데, 물론 그건 순간의 감정이라기보다는 서로의 이론을 어떻게 받아들이는가에 관련된 문제라 생각합니다. 두 번째 문제는 교수님께서 우리가 꿈의 소원성취 이론을 부정한다고 생각하신다는 것입니다. 우리도 소원성취 이론이 적절하다고는 생각합니다. 다만 그러한 방식으로 꿈을 분석하는 것은 표면적인 부분만을 관찰하게 되는 것이며 상징에서 멈추어 그 너머로 해석이 발전하지 못한다는 것입니다. 예를 들어 성교의 소원이 꿈에 나타나는 경우, 이 소원은 더욱 심층적으로 분석될 수 있습니다. 으레 단조로운 의미로 해석되는 이 고고학적 표현은 다른 매개로 다시 번역할 필요가 있습니다. 소원성취 이론은 어느 지점까지는 유효하지만 우리는 그 너머로 나아갑니다. 우리 생각에 꿈은 그 의미가 소진될 수 없을 만큼 풍성한 내용을 담고 있습니다.

1913년 7월 29일[57세]

융 드림

자신의 한계를 넘어서

프로이트,
아들러 그리고 융

정신분석학 대 개인심리학

알프레드 아들러와 칼 구스타프 융은 모두 프로이트와 정신분석학을 함께 연구했던 그의 동료들이다. 그러나 1911년 아들러는 프로이트의 생물학적 관점과 성 이론을 비판하며 협회를 탈퇴하여 개인심리학을 창시하게 된다. 융 역시 유사한 동기로 1913년 프로이트를 떠나 분석심리학이라는 새로운 학파를 설립한다. 프로이트, 아들러, 융은 현대 심리 치료의 세 거장이지만, 그들의 이론은 양립 불가능한 구조를 가지고 있다. 그 이유는 무엇일까? 근본적인 이유는 프로이트의 성욕설에서 비롯된다. 그것은 빌헬름 플리스와의 만남에 의해 강화된 이론이었다.

프로이트는 한때 신경증의 병인론을 성 이론 중심으로 설명한 후 빈 정신의학회에서 고립되는 처지에 놓인다. 그러한 프로이트를 전적으로 지지한 유일한 친구가 있었으니 그가 바로 플리스였다. 플리스는 코를 성 기관으로 간주했으며 콧속에 있는 갑개골과 히스테리가 밀접하게 관련되어 있음을 주장하는 논문을 쓰기도 했다. 플리스는 과학적 사고와 객관적 증명을 지나치게 중요시했고, 그러한 경직된 과학적 방식으로 많은 사람들의 웃음거리가 되는 이론들을 끊임없이 제시했다. 문제는 프로이트가 플리스의 '과학적' 태도를 높이 평가하며, 그의 모든 이론을 지지했다는 것이다. 그들에게 코와 히스테리의 관계에 대한 논의는 지극히 과학적인 연구로 간주되었다. 코카인의 효능에 대한 프로이트의 논문 역시 '과학'에 대한 그의 맹신이 빚어낸 실수에 속한다. 사람들은 플리스가 제시하는 황당한 이론들이 결코 심각하게 고려될 만한 가치가 없다는 것을 한눈에 알아보았지만, 프로이트는 두 눈을 뜨고도 플리스의 허무맹랑한 말들이 무엇을 뜻하는지 깨닫지 못했다. 과학에 대한 믿음은, 이 경우, 그의 눈을 가리는 장애로 작용한다. 보이는 것, 증명 가능한 것, 경험으로 확인할 수 있는 것만을 중시하는 태도로 인간 정신을 연구하기 시작했을 때 정신분석학이라는 학문이 탄생했지만, 그것은 동시에 인간 존재에 대한 사색을 가로막는 장애물이기도 했다. 바로 이 지점에서 프로이트와 아들러가 구분된다.

아들러는 프로이트의 과학적 방식과는 다른 관점으로 인간에 대해 고민하고 있었다. 그는 1차 세계대전 후 빈의 청소년들이 어려운 시기를 보내고 있다는 것을 깨닫고 교육문제에 집중하기 시작한다. 그는 1919년 개인심리학이라는 인간중심 치료 이론을 바탕으로 빈에 아동 지도 클리닉들을 개원했으며 그의 제자들은 베를린, 뮌헨 등 각 지역으로 클리닉을 전파한다. 1927년에 이르면 빈에만 22곳의 클리닉[3]이 아들러 제자들의 지도로 운영된다. 그렇게 아들러의 개인심리학이 실제 학교교육 현장의 문제를 해결 및 예방하며 전파되었다. 어떻게 학생들과 소통해야 하며 어떻게 그들을 도와줄 것인가에 대한 아들러의 답변은 정신분석학보다 신속했고 더욱 인간적이었다. 그것은 과학을 넘어선 이론이었다.

오늘날 심리치료 영역에서 가장 많이 활용되는 현실 치료, REBT합리적 정서행동 치료, 게슈탈트 치료 등의 기원이라고 할 수 있는 아들러 심리학은 인간을 중시하는 이론이자, 지금 여기에서 환자를 도울 수 있는 실천적 이론이다. 몇 년씩 두고 보며 환자의 언어를 분석하거나 성적인 부분을 병인론으로 몰아가는 경향도 보이지 않는다. 그저 환자를 그 자신이 되도록 돕고 있을 뿐이다.

왜 프로이트는 이러한 시도를 그의 정신분석학에 아우르지 못했던 것일까? 프로이트의 정신분석학은 인간에 대한 믿음이나 목표나 용기에 대해 적극적으로 말하지 않는다. 그저 과학적으로 관찰하고 수집된 정보를 객관적으로 분석할 뿐이다. 이 과정에서 성적인 요소는 다소 강조되는 경향이 있으며 과학 너머의 요소들은 무시되는 경향이 있다. 트라우마가 중심에 배치되는 이유 역시, 과거의 외상을 극복해내는 인간의 무한한 능력을 과학적으로 증명할 수 없었기 때문이다. 이 눈가림에 의해 프로이트의 정신분석학에서는 모든 인간이 트라우마에 휘둘릴 수밖에 없다.

그러한 프로이트의 한계는 플리스에 의해 강화된 과학적 사고의 산물이다. 동시대에 하이젠베르크는 불확정성의 원리를 발표했으며 과학은 보이지 않는 것, 확실하지 않은 것으로 그 초점이 옮아가고 있었으나 프로이트는 칸트나 하이젠베르크와는 달리 여전히 눈에 보이는 것, 명확한 것 속에 갇혀 있었다. 학문적 전진을 방해하는 이와 같은 구조를 더욱 강화시킨 것은 플리스와의 만남이었다. 그는 수많은 비판의 목소리를 듣기보다는 자신을 지지하는 하나의 목소리에 귀를 기울였던 것이다. 그리고 그 선택이 정신분석학이라는 학문 자체에 한계를 설정하게 된다.

프로이트에게 과학은, 적어도 그가 과학이라고 여기던 객관적 관찰과 분석은 신념이자 믿음이었다. 그는 정신을 구체적으로 관찰할 수 있는 '언어'라는 매개에 집중했으며, 환자의 말을 객관적으로 분석하고 이에 대해 과학적으로 반응했다. 즉, 환자의 말이 A, B, C에서 Z로 이행하는 경우 그는 왜 주제가 C 다음에 D가 아닌 Z로 넘어가는지 물었던 것이다. 정신분석학의 방식은 조언을 하거나 격려를 하는 것이 아니며 그보다는 어느 누구나 제기할 수 있는 질문을 통해 환자 스스로 자신의 자유연상에 공백이 존재한다는 점을 자각하게 하는 것이다. 그 공백은 의식의 모순을 알려주며 무의식적 사고로 환자를 이끌게 된다. 따라서 정신분석학 수련이란 듣는 방식을 훈련받는 것이다.

프로이트는 듣는 방식의 과학을 발명한 이론가다. 그것은 과학에 대한 그의 믿음에 의해 가능했던 작업이다. 정신분석은 사람을 읽어내는 과학적 이론을 제시했으며 정신분석학적 언어분석은 심리 치료 영역뿐만 아니라 문학 비평, 영화 비평에서도 널리 사용되고 있다. 어느 누구도 그 정도의 방대한 분량으로 분석의 방법론을 구축할 수는 없었을 것이다. 프로이트가 남긴 8,000쪽의 이론서와 7,000쪽의 편지에는 환자의 언어를 분석하는 방식, 즉 무의식을 이해하는 방법론이 자세히 설명되어 있다.

아들러의 개인심리학은 인간을 이해하고 그를 돕고자 할 때 필수적인 지침이 될 수 있다. 이후 관련 학문들의 발전을 통해 그 효과를 증명한 것도 사실이다. 그러나 아들러가 프로이트를 떠났을 때 그는 정신분석학을 떠난 것이기도 하다. 그때 그는 프로이트가 8,000쪽에 걸쳐 제시한 언어분석 이론을 함께 포기하게 된다. 트라우마란 없으며 과거보다는 현재가 중요하다는 아들러의 주장에 나타난 이론적 차별성보다 정신분석학과 개인심리학을 가르는 더욱 명확한 선은 정치한 분석방법론의 유무다. 치밀한 언어분석을 아우를 때 비로소 개인심리학은 목표를 향한 추진력을 얻게 된다. 프로이트에 대한 편협한 비판과 부정이 아들러가 말하는 '거짓말'이며 정신분석학의 방법론을 아울러 현재의 모습을 발전시키는 것이 아들러가 말하는 진정한 용기가 아닐까?

정신분석학 대 분석심리학

플리스에 대한 왜곡된 믿음은 비록 정신분석학의 한계를 설정했지만, 분석의 방법론을 만드는 여정에는 필수적인 태도였다. 그러나 융에 대한 왜곡된 비판은 정신분석학의 미래를 가로막아 한계를 설정한다. 융과의 만남은 프로이트의 믿음과 신념을 확장시켜 정신분석학을 쇄신할 수 있는 기회였지만 그는 이 소중한 기회를 놓친다. 프로이트는 아들러가 의식을 중심으로 이론을 전개하고 있으며 무의식이 움직이는 방식을 이해하지 못한다고 비판했다. 그러나 융의 경우, 그의 무의식 이론의 범위는 프로이트의 무의식 개념을 넘어선다. 융이 개인적 무의식 너머의 집단 무의식을 가정하기 때문이다.

융은 보이는 것보다는 보이지 않는 것을, 관찰 가능한 것보다는 관찰 불가능한 것을 더욱 중요시했다. 융은 앞서 언급했듯이, 말하자면 칸트를 심리학에 적용한 셈인데, 그는 의식이라는 현상 너머에 있는 무의식의 영역이 현상을 가능하게 만드는 더욱 본질적인 것이라고 생각했다. 융의 무의식은 프로이트가 이론화한 무의식보다 더욱 심오하다. 융은 프로이트의 무의식보다 더욱 깊이 있는 무의식의 영역을 신화라 불렀으며 이 부분을 '원형'이라는 구체적인 개념으로 지칭했다. 원형은 목적을 가진다. 이것은 아들러와 유사하다. 우리는 아들러의 이론에 있는 목표를 더욱 멀리 옮기고, 프로이트가 탐구하는 과거를 프로이트의 상상력을 넘어서는 신화적 과거로 연장할 때 융의 목적론이 탄생한다고 설명할 수 있다.

프로이트와 융이 함께 한 마지막 모임인 뮌헨 학회의 아침 세션 토론 주제를 구상할 때 융은 '꿈의 목적론적 기능에 관하여'라는 제목을 제안한다. 그러나 프로이트는 꿈의 목적이라는 것에 별 관심이 없었으므로 융의 제안을 대신해 '꿈의 기능'으로 학회 주제를 결정한다. 이것은 제목의 문제이기만 한 것이 아니라 정신분석학과 분석심리학의 가장 큰 차이점에 관련된 것이기도 하다. 아들러의 이론에서와 마찬가지로 융의 분석심리학에는 목적이 있다. 꿈에는 목적이 있으며, 그 안에 무의식의 메시지가 담겨 있다. 그것을 이해할 때 비로소 꿈꾼 이는 현재의 문제와 그 문제를 해결할 수 있는 대안을 모색하게 된다. 꿈은 문제 해결의 실마리를 제시하기도 한다. 무의식이란 인류의 기억이 집결된 지혜의 샘이기 때문이다. 그 속에는 나를 나 자신보다 더 잘 아는 원형이 존재한다. 융은 그것을 '자기'라 부른다. 헤르만 헤세의 『데미안』에서 미숙한 싱클레어 앞에 나타나 그가 성장하는 데 도움을 주는 데미안 역시 주인공 내면의 자기 원형이라 할 수 있다. 무의식이라는 이름으로 불리는 신화는 모든 이들의 내면에 존재하는 심오한 기억으로서 이 집단 기억은 유전된다. 내 안에 나 이상의 어떤 것이 존재하는 것이다.

과학자로서의 자존심이 센 프로이트는 그러한 신비주의적 관점을 받아들일 수 없었으며, 그에게는 이와 같은 가정의 일부를 사용하는 것 역시 불가능한 일이었다. 그가 보기에 분석심리학이라고 불리는 신비주의는 과학이 아니었다. 꿈에는 목적이 없으며, 인간 내부의 심오한 실체를 가정하는 것 역시 분석 작업에는 전혀 도움이 되지 않는 허상일 뿐이다. 인간은 공격 충동이라는 야만에서 문화로 나아가는 존재일 뿐 고상한 인격이나 내면의 신화란 가상에 불과한 공상이다. 프로이트는 이에 대해 이야기하는 것 자체가 비과학이며, 증명하거나 관찰할 수 없는 것에 기반하여 이론을 구축해서는 안 된다고 생각했다.

비과학으로 정의된 것을 철저히 배척함에 따라 프로이트의 정신분석학에서는 인간 승리, 인간 해방, 혁명, 기적을 이야기할 수 없다. 그러나 기적 없는 삶이란 변수 없는 삶을 뜻하는 것이 아닐까? 프로이트의 세계에서는 모든 것이 그가 정의한 과학이라는 것의 통제 아래 폐쇄 구조로 환원된다. 계산 너머의 희망을 찾아 아무리 8,000쪽을 헤매도 그의 언어분석에서 우리는 보이는 것 너머의 가능성에 대한 이야기를 들을 수 없다. 8,000쪽을 읽은 후 낙심하게 되는 이유다.

치유란 내 안의 가능성을 찾기 위해, 다시 희망하기 위해, 오늘 하루를 다시 시작할 용기를 얻기 위해 필요한 것이다. 가능성과 희망과 용기에 대한 이야기가 없는 치유란 인간의 숨결이 존재하지 않는 진공 플라스크 속과 같이 공허하다. 그것이 바로 융을 배척한 프로이트가 끝나는 지점이다.

그러나 융 역시 프로이트를 떠났을 때 정신분석학의 기본 방법론인 언어분석을 포기하게 된다. 언어분석이 존재하지 않기에 분석심리학의 분석은 결코 프로이트의 분석에서와 같은 치밀함과 정치함으로 무장될 수 없다. 분석심리학적 분석은 언제나 무기 없이 치유라는 전장에 나가야 하는 딜레마에 빠진다. 분석심리학은 색채나 이미지 등으로 언어의 자리를 메우고자 하지만 언어적 기반을 배제한 분석은 자주 주관적이라는 비판에 직면한다. 그것은 개별적 분석의 문제가 아니라 분석 도구의 결여라는 근원적 결함에서 기인하는 문제다.

물론 개인심리학과 분석심리학에서 중요시하는 인간과 신화라는 무기 없이는 정신분석학 역시 절름발이 치유 이론에 불과하다. 여기서 중요한 질문은 프로이트가 이와 같은 그의 결함 또는 이론적 결점을 극복하려고 시도한 적이 있는가다. 우리는 마지막 장에서 프로이트의 모세 연구를 통해 이 질문에 답하게 될 것이다. 이에 앞서, 잘못된 만남에 의해 문화에서 야만으로, 삶에서 죽음으로 파멸의 길을 걷게 되는 이와, 야만의 시대에 불멸의 존재로 살아나는 이를 만나보자. 리처드 라미레즈의 사례가 잘못된 만남과 나쁜 동일시에 의해 생의 모든 출구가 막혀버린 경우라면, 사비나 슈필라인의 사례는 잘못된 세상에 태어났음에도 좋은 동일시로써 문화를 진일보시킨 경우다.

자신의 한계를 넘어서

잘못된 만남[4]

리처드 라미레즈는 1985년 3월부터 8월까지 로스앤젤레스와 샌프란시스코 지역에서 13건의 살인과 30건의 살인미수, 강간 등의 범죄를 저지른 연쇄살인범으로 그해 9월에 체포되어 사형선고를 받았다. 범죄 기간 동안 그는 피해자들이 사탄을 경배하도록 강요한 후 살해하고 살인 후 피해자 신체에 사탄을 상징하는 표식을 그리거나 사체의 일부를 보관하는 등 잔혹한 행위를 일삼았다. 길 카리요 형사와 함께 사건을 담당했던 프랭크 살레르노 형사는 한 인터뷰에서 라미레즈는 잉태된 순간부터 나쁜 종자였을 것이며 어떤 환경에서 자랐어도 그렇게 될 운명이었을 것이라고 말한다. 그가 살인자로 태어났다는 것이다.

알란 요켈슨 담당 검사는 라미레즈에게서는 어린 시절 학대의 경험 등을 찾아볼 수 없었다며 무엇이 그를 연쇄살인범으로 만들었을까를 질문한다. 법 심리학자인 루이스 슐레진저 교수는 이 질문에 대해, 그것은 하나의 주요 요인에 의한 것이 아니며 유전적 요인, 신경생물학적 요인, 사회심리학적 요인 등 많은 부분들이 손상되어야만 초래되는 결과라고 설명한다. 헬렌 모리슨 박사 역시 유전적 요인이 존재할 것이며 여기에 어떤 요소가 추가되어 라미레즈를 살인자로 만들었을 것이라고 추측한다. 그러나 길 카리요 형사의 생각은 다르다. 그는 결코 라미레즈가 연쇄살인범으로 태어난 것은 아니며 그가 배운 것, 본 것에 의해 그렇게 되었다고 말한다. 특정 만남과 경험을 통해 살인범이 되었다는 뜻이다.

라미레즈의 어린 시절 친구들은 길 카리요 형사의 의견에 부합하는 이야기를 들려준다. 적어도 어린 시절에 그는 배려심 있고 착하고 친절하며 호감이 가는 인물로 친구들 사이에서 인기가 있는 학생이었다는 것이다. 친구 페트리샤는, 어린 시절 우범 지역을 지나 학교를 가야 했는데, 그가 항상 자신을 기다려주었다고 회상한다. 무서운 동네를 그와 함께 가로지르며 둘이기 때

자신의 한계를 넘어서

문에 안전하다는 생각을 했었다고 한다. 그녀는 그를 재미있고 장기도 많은 어린이로 기억한다. 무엇이 어디서부터 잘못된 것일까?

리처드 라미레즈는 1960년 2월 29일 미국 텍사스 주 국경도시 엘패소에서 멕시코 이민자의 다섯 자녀들 중 막내로 태어났다. 이민 1세대였던 아버지는 성실한 철도 노동자였다. 라미레즈 사건을 취재했던 데이비드 핸콕 기자는 이민자 2세대들이 더는 아메리칸 드림을 믿지 않게 되었을 때 범죄에 연루되는 경우가 많다는 것을 지적한다. 성실한 부모 세대를 지켜봐온 그들이 그렇게 일 해봐야 어떤 성과도 없이 제자리걸음을 걷는 현실을 대면하게 되면 범죄의 길을 선택한다는 것이다. 라미레즈 역시 10대에 접어들어 변하기 시작한다. 그를 좌절하게 만든 첫 번째 요인은 간질 발작이라는 건강상의 문제다. 간질 진단을 받은 후 그의 학교생활에 어려움이 생긴다. 또한 그는 이 시기에 아버지에게 거리감을 느끼는데, 아버지에게서 멀어지며 그의 삶에 들어온 사람은 사촌형 마이크다. 마이크는 베트남전 참전 용사이며 자주 라미네즈 앞에서 전쟁 중 그가 자행한 잔혹행위들을 자랑했다. 그는 전리품이라며 자신이 강간했던 여자의 사진이나 자신이 참수한 시체의 머리가 찍힌 사진들을 아이에게 보여준다. 마이크의 영향은 여기서 끝나지 않는다. 어느 날 마이크는 부인과

다툼을 벌이게 되는데, 그는 총으로 부인의 얼굴을 쏴 아내가 즉사한다. 라미레즈는 이 모든 광경을 지켜보았다. 라미네즈는 마약을 시작했고, 9학년이 되었을 때 학교를 중퇴하고 그때부터 노숙과 절도를 시작하며 성장한다. 그는 코카인과 알코올에 중독되었으며 마약과 절도와 불법 주거침입을 일삼으며 살아가게 된다. 그의 범죄는 시간이 흐를수록 더욱 대범해졌고 주민의 신고로 체포될 때까지 연쇄살인을 이어갔다.

검거된 후 그를 만난 살레르노 형사는 비록 그가 학교는 다니지 못했지만 살인과 관련된 책을 매우 많이 읽었고 박식하다는 인상을 받았다고 말한다. 카리요 형사 역시 라미레즈가 로마시대에서 현대까지 연쇄살인의 역사에 대해 잘 알고 있었으며, 그가 처음 수감된 곳이 '언덕 위의 교살자'로 불렸던 안젤로 부오노의 감방이라는 사실에 기뻐했다고 말한다.

법 심리학자들의 말과 같이 유전적인 문제였을 수도 있다. 살레르노 형사의 말처럼 환경의 영향이 아니었을 수도 있다. 그러나 카리요 형사의 생각대로 그가 만난 사람, 배운 것, 본 것에 의해 그렇게 만들어진 것일 수도 있지 않을까? 사촌형과의 만남은 한 사람과의 만남 그 이상의 의미를 가진다. 그것은 강간과 살인과 학살과 잔혹행위가 용인되는 듯 보이는 세상과의 만남이었다. 그러한 세상에서 이 일들은 범죄가 아닌 기념 또는 추억이었다. 그것은 역사 속에 존재했던 세상이었고, 라미레즈는 마이크를 통해 그 세상의 지옥을 마음의 그릇 속에 받아들였다. 그 세상에 살았던 마이크에게는 말다툼 후 아내를 죽이는 것은 범죄가 아니었다. 지옥 같은 과거가 현재에 살아나며 라미레즈의 현재를 바꾸어놓은 것이 아니었을까? 라미레즈가 경험한 현실이 달랐다면, 마이크와의 만남은 외상이라는 이름으로 그가 훗날 극복해야 하는 과거가 되었겠지만, 무덤에서 노숙을 하고 마약을 하고 절도로 생계를 연명하는 그의 현실은 결코 마이크가 보여준 과거의 지옥과 다르지 않았다. 살인자로 태어난 사람의 범행이라는 결론보다는 세상이 만든 과거의 지옥과 현재의 지옥을 모두 마음에 받아들이게 된 한 사람이 저지른 범행이라고 말하는 것이 더 적절하지 않을까? 마이크는 세상이 만든 과거의 지옥을 대표하는 자다. 라미레즈가 마이크와 동일시했을 때 그는 과거의 지옥을 마음에 품게 된다. 나쁜 동일시에 의해 강렬하게 각인된 지옥의 풍경은 황량한 현재 속에서 증폭될 뿐이었고, 자아 속에는 그 축을 변경할 어떤 종류의 감정적 유대도 존재하지 않았다.

다음 사례에서 우리는 개인적 재난과 세상의 재난을 함께 대면해야 했던 또 다른 인물을 만나게 된다. 그러나 이 사례의 주인공은 그러한 재난들 속에서 다른 선택을 하고 있다.

대극의 합일[5]

사비나 슈필라인은 러시아 정신분석가로, 1885년 러시아 유대인 가정에서 태어났다. 그녀의 부모는 슈필라인이 극심한 신경증 증상을 보이자 1904년 딸을 스위스 브루크횔츨리 정신병원으로 데리고 가는데 이곳에서 그녀는 융의 치료를 받게 된다. 조현병의 증상들과 유사해 보일 정도로 심각한 상태였으나, 융의 도움으로 그녀는 끝내 병과의 전투에서 승리한다. 슈필라인은 그후 자신이 경험한 고통을 연구 주제로 삼아 공부해나간다. 그녀는 건강을 회복한 후 취리히 의과대학에 진학했으며 1911년 조현병을 주제로 졸업논문을 쓴다. 이후 1931년까지 그녀는 30여 편의 논문을 썼는데 이 작업들은 학자들에게조차 거의 알려지지 않았으며 한 편 이외에 나머지는 영어로 번역되어 있지도 않다.

여기에는 1931년에 발표한 최초의 미술치료 연구 논문도 포함되어 있다. 이 논문에서 그녀는 아이들의 그림에 나타난, 눈을 감은 인물들과 눈을 뜬 인물들 사이의 차이를 정신분석적으로 다루었다. 또 한 편의 매우 중요한 논문은 1912년에 발표한 「생성의 원인으로서의 파괴」이다. 이 논문에서 슈필라인은 파괴 충동, 신화, 삶으로서의 죽음에 대한 이론적 토대를 마련한다. 그녀에게 절멸과 절망과 죽음은 신화에서처럼 언제나 삶과 생성을 위

자신의 한계를 넘어서

한 사전 단계로 인식된다. 논문은 정신분석학적 토대 위에서 집필되었으나 그 중심에는 신화가 존재하며 전체적으로 삶의 방향성을 강하게 띠는 신비로운 글이다.

슈필라인은 융과 프로이트 사이에 자리하는 이론적 매개와 같은 존재다. 그러나 그 시작은 다소 불편한 관계로 출발한다. 1909년 6월의 어느 날 융은 프로이트에게 조언을 청하는 편지를 보낸다. 슈필라인이 자신을 유혹하여 관계를 맺고 얼마간 사귀었는데, 이제 헤어진 마당에 그녀가 온 동네에 소문을 내고 다닌다는 것이다. 슈필라인 역시 이 사건으로 프로이트를 만나고 싶어 했지만, 프로이트는 일부 환자들이 전이의 결과로 그런 생각을 하게 되는 경우가 있다고 답하며 전적으로 융의 편에서 슈필라인을 배척한다. 이 난처한 상황에서도 20대의 슈필라인은 매우 성숙한 방식으로 대처하는데, 그녀는 프로이트에게 자신이 융을 망치려는 것이 아니며 오히려 융이 프로이트와 가장 가깝고 프로이트만이 융을 안심시킬 수 있기 때문에 프로이트를 만나고 싶었던 것이라고 말한다. 그리고 슈필라인은 담담하게 그간의 이야기들을 프로이트에게 전한다. 그녀는 4년 동안 융의 환자였고 그 후 둘은 친구가 되었으며 결국 사랑하게 되었지만 이제는 친구로서의 감정으로 그를 대하고 있다는 것이다. 그녀는 왜 자신이 융에게 해가 되는 일을 하겠느냐고 반문하며 융을 안심시켜달라고 부탁한다. 실제로 그녀는 스캔들을 퍼뜨린 장본인이 아니었으며, 지나가는 말로 프로이트에게만 융의 아내가 그 장본인일 수 있다고 귀띔한다. 그런 말을 들었음에도 프로이트는 여전히 슈필라인을 경계하는데, 이후 10년 동안 융과 프로이트의 태도와 그들의 이론이 그녀에 의해 바뀌어가는 과정을 지켜보는 것은 매우 흥미롭다.

편지 사건 이후 2년이 지난 1911년, 슈필라인은 프로이트를 처음 만난다. 그녀는 러시아어, 프랑스어, 독어, 영어, 폴란드어, 라틴어를 할 수 있었으며 의대 졸업 후 정신분석가가 되어 있었다. 물론 그녀는 바로 프로이트, 융, 아들러가 모두 참석하던 수요회합에 초대된다. 이곳에서 그녀는 「생성의 원인으로서의 파괴」를 발표하며 파괴 충동이라는 개념을 제안하는데 이에 대해 프로이트는 회의적인 반응을 보인다. 우리는 9년 후 『쾌락 원칙을 넘어서』(1920)에서 프로이트가 죽음 충동이라는 개념을 정신분석의 중심 개념으로 소개했다는 사실을 알고 있다. 한편 융이 프로이트와 결별하고 이 모임을 떠난 뒤에도 그녀는 6년 넘게 융과 학문적으로 서신 교환을 지속하는데, 그 중심 주제는 언제나 신화였다. 이 서신에서 그들은 상징, 유형론 등 융이 분석심리학의 중심에 배치하게 되는 많은 이론들에 대해 논의한다. 슈필라인의 아버지와 할아버지는 모두 랍비였으며 특히 조부는 마을 사람들이 존경하는 치유자이자 멘토의 역할을 했다. 그녀의 일기에는 신비주의적인 시각이 그녀의 삶 중심에 존재하며 그녀가 진정으로 신화를 믿고 신화와 평생을 함께 살아온 사람이라는 것이 잘 나타나 있다. 그녀는 특히 게르만 신화를 좋아했으며 그중에서도 영웅 지크프리트의 상을 늘 마음에 품고 있었다. 융을 처음 만났을 때 그녀는 융에게서 지크프리트의 형상을 보았다. 그녀의 일기에서 알 수 있듯이, 신화를 배운 융과 달리 슈필라인은 융보다 먼저 삶 속에 신화를 간직하고 느껴왔음을 알 수 있다. 그렇다면 슈필라인의 존재는 융이 분석심리학을 창시하게 된 기반이라고 할 수 있다.

융이 아직 분석심리학 이론을 구축하기 전 프로이트와 함께 연구하던 때인 1909년, 그녀는 이미 일기에 "아버지는 한 사람의 마음속에 있는 조상들의 흔적을 대표한다. 그것은 개인의 운명에서 순간적인 의식적 태도 그 이상을 뜻하는 것이다"라고 썼다. 일기에는 절망은 희망으로 이어지며, 항상 사랑해야 하며, 죽음 충동이란 생성의 원인이라고 씌어 있다. 게르만 신화를 사랑했기에 그녀는 '라그나뢰크'라는 세상의 종말, 즉 신들조차 사라지는 모든 것의 소멸이 언제나 이후의 생성과 새로운 삶으로 이어진다는 것을 믿고 있다. 슈필라인은 삶을 사랑했고 절망의 순간들을 극복했으며 모든 것이 끝난 듯한 상황에서도 사랑과 희망을 포기하지 않았다. 그녀는 이 힘을 '신화'라고 불렀다.

슈필라인은 융의 책을 러시아어로 번역하기도 하는데, 융과 결별한 프로이트는 이에 대해, 번역되지 않은 자신의 책도 많은데 왜 하필이면 융의 책을 번역하느냐고 화를 낸다. 그는 개인적인 관계에 치우쳐 일을 하기보다는 정말 믿는 것, 이론적으로 따를 수 있는 것만 받아들여야 한다고 호통을 치기도 한다. 그러나 정작 슈필라인은 자신이 프로이트주의자라고 말한다. 융이 이를 두고 불평을 했을 때 그녀는 융에게 무의식에 대한 프로이트의 과학적 업적을 모두 부정하게 되면 많은 것을 잃게 될 것이라고 경고한다. 그녀는 분석심리학이 진정 치유적인 이론으로 거듭나려면 반드시 프로이트의 정신분석학과 '대극의 합일'을 이루어야 한다고 융에게 조언하기도 한다. 물론 융은 이 조언을 따르지 못한다. 또한 아들러가 프로이트를 떠났을 때 그녀는 프로이트에게 아들러가 말하는 모든 것들이 사실 프로이트의 수많은 저서들 어딘가에 있는 이야기라고 말한다. 더불어 굳이 그것을 분리하여 이론화할 필요는 없다고 덧붙인다.

슈필라인은 장 피아제의 분석가이기도 했으며, 피아제처럼 결혼 후 자신의 아이들이 자라는 과정을 관찰한 후 정신분석을 아동 양육과 교육에 접목했다. 러시아 혁명이 일어났을 때 그녀는 자신이 신화적 이야기들 속에서 오래 믿어왔던 인간에 대한 희망을 보았고 1923년 마침내 고향으로 돌아간다. 이곳에서 그녀는 프로이트의 정신분석학과 자신의 삶 속에 배어 있는 신화를 이론 삼아 이를 토대로 유아원들을 설립함으로써 아동 정신분석학의 영역을 확장해나간다. 1932년 나치당이 독일 선거에서 승리한 후 흉흉한 소문이 들려왔으며 1936년에는 러시아에서도 스탈린에 의해 정신분석이 금지되었으나 슈필라인은 그 이야기들을 믿지 않았다. 사람들이 이제는 피해야 할 때라고 조언했지만 그녀는 인간이 그런 악한 짓들을 할 수는 없다고 말하며 분명히 정보가 잘못 전해졌을 것이라 생각한다. 나치의 만행에 대해 듣고 있었으나 그것은 그녀로서는 도저히 믿을 수도 상상할 수도 없는 일들이었다. 그녀는 러시아를 떠나지 않았고 결국 1942년 유대인이라는 이유로 나치 친위대에 의해 두 딸과 함께 총살당한다.

정신병원에 입원했을 때도, 유부남인 융과의 스캔들로 비난당할 때도, 융과 프로이트가 자신을 오해했을 때도, 조국이 자신을 인정하지 않을 때도, 자신이 일군 업적이 한순간에 파괴되었을 때도 그녀는 무너지지 않았다. 그녀의 내부에 신화라는 굳건한 축이 있었기 때문이다. 오늘날에도 프로이트의 죽음 충동과 융의 신화 속에 그녀가 여전히 살아 숨 쉰다. 오히려 아직도 각 학파들은 그녀의 조언을 따르지 못하고 있으며, 각각의 이론적 한계에 갇혀 상대 이론을 폄하한다. 생성으로 이어지는 파괴, 삶으로 되

프로이트의 편지

돌아오는 죽음 속에서 그녀는 자신의 인생으로 그 부활의 서사를 써내려갔다. 프로이트와 아들러, 프로이트와 융의 대립이 해소되며 그들이 합일을 이룰 때 슈필라인의 혜안이 더욱 실천적인 방식으로 치유가 필요한 이들에게 빛을 비출 것이다.

프로이트는 과연 인생의 말년에 슈필라인의 내적 성숙을 배울 수 있었을까? 종교를 비판하던 그가 작가 아르놀트 츠바이크와 피스터 목사에게 보낸 편지를 보면 노년의 프로이트는 젊은 시절의 그와 다소 다른 모습을 보여주고 있는 듯하다.

5

시대의 어른을
찾아서

자기 자신의 한계를 극복할 수 있는 사람, 그리고 세상의 재난
에 압도당하기보다 그 속에서 변화의 가능성을 모색하는 사람,
한계와 경계 너머로 나아가 더 넓은 세상에서 더욱 많은 사람들
에게 좋은 동일시의 대상이 되는 사람, 그가 바로 진정한 시대의
어른일 것이다. 그들은 불멸의 방향성을 가진 멘토로서 오랜 시
간이 지난 후에도 후손들에게 삶의 에너지를 전할 수 있다. 그들
은 우리에게 시련에 맞서 어떻게 싸워야 하는지, 어떻게 살아야
하는지, 어떻게 견뎌야 하는지, 어디로 나아가야 하는지에 대해
조언을 해주며, 신념을 지킨다는 것, 믿음을 가진다는 것, 포기하
지 않는다는 것, 그리고 무엇보다 세상 사람들이 모두 고개를 끄

덕일 만한 '보편'을 위해 연대한다는 것이 무엇인지 알려준다. 그들은 우리가 늘 배제해온 것, 늘 선택해온 것의 문제점을 지적하며 두 가지를 융합하는 대극의 합일을 도모할 수 있도록 돕고, 평생 동안 우리의 중심에 있었던 상처와 콤플렉스를 극복할 수 있도록 격려한다.

프로이트의 중심에는 유대인이라는 지워지지 않는 표식이 각인되어 있었다. 히틀러가 프로이트의 저서를 소각하고 정신분석을 금지하기 전, 프로이트가 자신의 길을 개척하기 오래전부터 그는 이미 유대인이기에 당해야 했던 설움을 뼈저리게 느꼈다. 그는 자라면서 유대인 아버지가 미웠고, 유대인이 싫었고, 유대교가 편협하다고 생각했다. 그는 아리아인을 동경했으며 그 자신 아리아인이 되고 싶었다. 환자 대부분과 주위의 모든 분석가가 유대인이었음에도 프로이트는 아리아인인 융을 만났을 때 그가 정신분석을 유대인 잔치에서 구해줄 것이라 생각한다. 그런데 이상한 일이 일어난다. 히틀러의 유대인 박해에 이르러 프로이트는 자신이 평생 버리고 싶어 했던 그 정체성을 스스로 받아들인다. 그는 유대교에 존재하는 보편의 차원이 바로 문화를 뜻하며 그것이 오랜 세월 야훼가 인간의 정신 속에 살아남을 수 있었던 이유라고 말한다. 동시에 그는 모세가 이집트인이라고 주장하며 유대교 자체를 해체한다. 즉 종교를 없애고 보편의 차원을 보존하는 것이다. 이에 대해 조금 더 자세히 이야기해보자.

프로이트는 평생 눈에 보이는 것으로써 자신을 증명하고자 했다. 어느 누구도 부정할 수 없는 증거를 보이고자 했으며 과시용 업적들을 추구했다. 환자가 낫는 것 역시 눈에 보이는 성과였다. 그것은 눈에 보이지 않는 편견을 물리치는 그 나름의 방식이었으며 이때 과학은 청년 프로이트가 자신의 콤플렉스를 극복하는 방법이었다. 그러나 노년의 프로이트는 역사를 거슬러 과학이 닿지 않는 곳에 이르자 보이지 않는 것을 강조하게 된다. 정신과 문화의 이상으로서 종교를 인정하는 것이다. 이것은 그가 모세를 받아들이는 과정이기도 하다. 다시 말해 이는 프로이트가 유대인으로서의 정체성을 회복하는 순간이다. 물론 프로이트가 종교에 귀의한 것은 아니다. 프로이트는 다시 야훼를 해체하여 그가 사실은 인간 모세였다고 주장한다. 그 후 프로이트는 인간 모세 자체가 신의 차원으로, 즉 보편의 차원으로 격상되는 과정을 보여준다. 이것은 하나의 마술 쇼라고도 할 수 있다. 인간이 신이 되고, 이 변신 자체가 신과 종교를 해체한다. 그러나 이로써 프로이트의 마음속 모세가 진정한 보편적 이상으로 부활한다. 그것은 문화와 정신의 승리라 할 수 있다.

프로이트는 이 지점에 자신이 그간 믿어온 과학을 넘어선다. 신화와 종교가 정신분석과 융합되며, 정신분석 내부에 인간과

신이 합일을 이루는 융적 순간이 도래하는 것이다. 프로이트의 세상이 넓어지며, 융과 아들러를 몰아냈던 성욕설과 오이디푸스 콤플렉스 역시 개념의 외연이 확장된다. 이제 프로이트는 그의 천적 융이 강조해온 유전되는 기억에 대해 말하기 시작한다.

이것은 그리 어려운 이야기가 아니다. 한 사람이 변화하는 이야기일 뿐이다. 변화란 지난 세월 동안 동일시해온 모든 상들과 그 상들에 의해 만들어진 자아의 축을 움직이는 과정을 뜻한다. 자전축을 움직이는 셈이다. 물론 여기서 우리가 움직여야 하는 축이란 우리의 삶에 한계를 설정하는 동일시의 산물을 뜻한다. 과학에서는 가능한 일이 아니지 않은가? 그러나 우리를 고착시키는 중심축을 움직일 수 없다면 우리에게 진정한 변화란 불가능하다. 프로이트가 들려주는 새로운 모세 이야기는 시대의 어른이 된다는 것이 무엇인지 보여준다. 어른이 된다는 것은 자신을 정의하는 삶의 중심에 변화를 불러일으키는 것이며, 정답이라 믿던 것에 질문을 제기하는 것이며, 나와 다른 것을 받아들이는 것이다. 그것은 한마디로 그간의 동일시에서 벗어나 새롭게 태어나는 것이다. 그러나 새롭게 창조된 정체성은 사실 온전한 그의 모습을 더욱 선명히 드러내는 가장 익숙한 자신의 모습, 즉 콤플렉스와 편견과 한계가 사라진 자아를 뜻한다. 자신의 한계를 넘어 다시 가장 내밀한 내면의 모습으로 돌아가는 것이다.

새로운 모세 이야기[1]

작가 아르놀트 츠바이크에게

······ 다시 새로운 종류의 박해가 시작되고 있어. 이런 상황에서 무엇이 오늘날의 유대인들을 창조했으며 왜 우리가 이토록 끈질기게 사람들에게서 증오를 사는지 자문하게 되는군. 그리고 곧 어떤 공식을 발견하게 되었다네. 모세가 바로 유대인을 창조한 장본인이지. 이번 책은 제목을 이렇게 정했어. 『역사소설 인간 모세』 ······

1934년 9월 30일[78세]

아르놀트에게

…… 빈의 겨울은 정말 춥구먼. 몇 달째 밖에 나가지 않고 있어. 자네는 내가 인류를 위해 고행하는 영웅이 되길 바라지만 그런 역할을 맡기는 어려울 듯하네. 요즘은 기분이 너무 안 좋아. 기쁜 일도 없다네. 내 안에서 나 자신에 대한 비판의 목소리가 점점 크게 들려와. 다른 사람이 이렇다면 나는 "노인성 우울증입니다"라고 진단하겠지. 세상에 재난의 먹구름이 드리우고 있어. 내 작은 세상에도 어둠이 내리는군 ……

…… 모세에 관한 내 책에서 나는 주인공 모세가 한 번도 야훼라는 단어를 들어본 적이 없는 사람이라는 주장을 하고 있네. 유대인들은 시나이 산에 간 적이 없어. 그들은 홍해를 가로질러 건너지도 않았지. 그런 이야기들을 하고 있네 ……

1935년 2월 13일[79세]

아르놀트에게

…… 모세 작업을 계속 하고 있는데 분석에서와 같은 일이 일어나는군. 무엇인가 억압되어 있는 경우, 어떤 것도 그것을 대체할 수 없다네. 이런 상황에서는 아무것도 명확히 보이지 않지. 모세를 옆에 두고는 있는데 뭘 어떻게 해야 할지 모르겠군. 모세에 너무 집착해서 그런 걸까? …… 자네가 요즘 받는 분석은 부분적이고 피상적

인 것처럼 들리는데, 그런 분석도 효과가 좋을 수는 있다네. 도움이 될 수 있다고. 어떤 분석에서든 사람들은 정신이 살아 움직이는 기막힌 광경을 목격하게 되지. 물론 우리는 그것을 쉬운 심리 치료 과정으로 설명해서는 안 돼. 그보다 이것은 과학적인 작업이라네.

1935년 6월 13일

아르놀트에게

…… 모세 책의 마지막 장을 쓰고 있어. 작업이 순조로워. 30분쯤 전에 한 미국계 유대인에게서 편지를 받았네. 이 비참 속에서 불쌍한 유대인들에게 남아 있는 유일한 위안을 빼앗지 말아달라고 간청하는 내용이었어. 좋은 의도로 쓴 편지고 또 격식도 갖추고 있었는데, 사실 나를 좀 과대평가한 것 같아. 어떻게 내가 쓴 이런 무미건조한 논문이 전통과 신념을 가진 사람들에게 영향을 끼칠 수 있겠나? 내 글이 자신이 생각한 것과 다르다 할지라도 내 글 때문에 그의 신념이 무너지지는 않을 거야.

1938년 6월 28일[82세]

아르놀트에게

…… 자네는 『문화 속의 불쾌』를 읽으며 어떤 '위안이 되는 설명'을 들을 수 있었다고 말하지만 그게 무슨 말인지 나는 잘 모르겠네.

시대의 어른을 찾아서

나는 사실 이제 그 책에 대해서는 거의 생각을 하고 있지 않다네. 내 유일한 관심은 모세에 관한 책이야. 3월에 출간하기로 했는데, 이 책이 출간되면 이제 다음 번 환생 때까지 책이라는 것에는 관심을 두지 않아도 될 듯하군.

지난 몇 주는 좀 힘들었다네. 통증 때문에 그랬던 것도 있지만 이제 뭘 어떻게 해야 할지 결정할 수가 없는 거야. 수술과 라듐 치료는 더 이상 소용이 없어서 엑스레이를 활용해 치료를 하겠다더군. 내일 치료를 시작하네. (내 오랜 친구 암이 재발한 게 분명해보여. 이 친구와 16년 동안 함께 살아왔는걸. 그때는 이 친구와 나 둘 중 어느 쪽이 더 센지 아무도 몰랐었지.)

솔로몬에 대한 소설의 개괄은 잘 읽었네. 그런데 솔직히 말하면 이런 소설에 동화 모티프를 사용하는 건 적절하지 않다네. 간 소시지에 대한 이야기라도 뭔가 균형이 맞지 않으면 불편하게 느껴지지. 내가 이렇게 말하는 이유를 좀 자세히 설명하고 싶지만 기운이 없군. 나치를 분석해보는 건 어떤가? 잘할 것 같은데.

1939년 3월 5일[83세]

프로이트

진리는 전진한다[2]

…… 정신분석 그 자체는 종교적이지도 않고 비종교적이지도 않다고 생각합니다. 그보다 저는 정신분석이란 목사와 비전문가 모두가 고통받는 이들을 돕기 위해 사용할 수 있는 적절한 도구라고 생각합니다. 목회자들에게 정신분석이 얼마나 도움 되는 도구일 수 있는가를 제가 왜 진작 생각하지 못했을까요 ……

1909년 2월 9일[53세]

…… 아이들을 교육하는 것은 매우 중요합니다. 다소 엄한 교육이라 하더라도 괜찮다고 생각합니다. 분석적 지식에 기반을 둔 교육이라면 어떤 해도 끼치지 않습니다. 그러나 분석 자체는 교육과 구별됩니다. 분석에서는 무엇보다 먼저 사실을 객관적으로 취합합니다. 여기에 대해서는 목사님께서도 동의하셨죠. 혹시라도 분석이 어떤 고차원적인 이상들과 상치될까 염려하는 예민한 태도는 사실 분석가에게는 어울리지 않는 것입니다.

1922년 7월 25일[66세]

프로이트 드림

프로이트 부인께

지난 토요일에 스위스 정신분석협회 회원들이 아르가우 주 쾨닉스펠덴의 주립 정신병원에서 고인을 기리는 추모회를 개최했습니다. 협회 회장인 사라신 교수님께서, 빛나는 분이시면서도 무한히 겸손한 거인이셨던 고인의 인품에 대한 감동적인 추도사를 낭독했습니다. 저는 뛰어난 과학자이자 아버지와 같은 친구에게서 받은 134통의 편지에서 발췌한 내용을 읽었습니다. 또한 30년 넘게 고인과 나눈 지난 대화와 만남에 대해 이야기했습니다 ……

저는 자주 1910년 6월 3일 고인께서 제게 보낸 편지에 쓰인 놀라운 문장을 자주 떠올리곤 합니다. 부인께 이 부분을 소개해드리고 싶습니다. 고인께서는 당시 다음과 같이 말씀하셨습니다.

제게는, 일이 없는 삶이라는 것은 생각할 수도 없습니다. 일이라는 건 상상의 자유로운 유희 그 자체죠. 그것이 저를 가장 기쁘게 합니다. 그게 바로 행복을 만드는 조리법이죠. 그러나 한 가지 매우 염려되는 것이 있습니다. 생산성은 전적으로 섬세한 기질에서 기인하는 것이 아닐까요? 만약 더 이상 새로운 생각들이 떠오르지 않거나 단어들이 생각나지 않으면 어떻게 해야 할까요? 생각만 해도 두려움에 몸서리치게 됩니다. 떳떳하게 산 사람에게 닥칠 수 있는 모든 운명의 장난은 기꺼이 받아들이겠다 생각하면서도 남몰래 늘

하는 기도가 있답니다. 제발 제 몸이 정신의 말을 듣지 않아 더 이상 일할 수 없게 되는 일은 피하게 해달라고, 맥베스 왕이 말한 것처럼 일하다 저세상으로 가게 도와달라고 기도한답니다.

마지막 순간까지 일할 수 있게 해달라는 고인의 소원은 이루어졌습니다. 고인께서 제게 보내신 편지들은 제가 가진 것들 중 가장 소중한 것입니다. 살아 있는 동안 항상 가까운 곳에 보관하겠습니다. 이제 저도 67세 노인이 되었고 평온히 은퇴했습니다. 여전히 제 정신은 온전한 듯하지만, 아주 가끔씩은 피곤이 몰려올 때가 있습니다. 기억하는 능력이 예전 같지 않다는 걸 깨달은 지난 번 빈 방문 때도 그랬었죠. 지금 저는, 보잘것없는 능력이지만, 고인의 방법론으로 몇 가지 연구를 진행하고 있습니다. 비록 이 음험한 시대는 진실의 교향곡이 아닌 거짓이라는 악령을 위해 춤추고 있지만 저는 고인께서 그러셨듯이 "La vérité est en marche"진리는 전진한다[3]는 것을 믿습니다.

부인과 부인의 가정이 늘 평안하길 빕니다. 안나와 마르틴에게도 안부를 전해주세요.

1939년 12월 12일[프로이트: 83세, 같은 해 9월 23일 사망]

피스터 목사 드림

온전한 나
자신이 되는 길

유대인 모세[4]

    프로이트는 「미켈란젤로의 모세 상」(1914)과 『인간 모세와 일신교: 세 편의 논문』(1939)에서 모세에 대한 이야기를 다루었다. 이 두 편은 마치 저자가 다른 사람인 것 같은 착각을 불러일으킬 만큼 판이하게 그 어조가 다르다. 부제를 붙인다면, 첫 번째 글의 경우 '죄지은 유대인 프로이트, 모세를 두려워하다'가 될 수 있고, 두 번째 글의 부제는 '성숙한 유대인 프로이트, 히틀러에 맞서다'가 될 듯하다. 우선 첫 번째 글을 살펴보자.

    「미켈란젤로의 모세 상」에서는 오이디푸스 콤플렉스, 근친상간, 거세 공포, 성욕설 등 프로이트의 유명한 이론들이 직접적으로 적용되지 않는다. 그는 그저 성서를 정독하며 미켈란젤로의 〈모세 상〉이 어떤 상황을 표현하고 있는지 정밀하게 분석할 뿐이다. 프로이트가 제일 먼저 강조하는 것은 조각상에서 받은 강렬한 느낌인데, 이 글은 왜 자신이 그런 강렬한 느낌을 받게 되었는지를 되짚어가는 여정으로 볼 수 있다. 그는 글의 첫머리에서 "다른 어떤 조각도 이 조각보다 더 강렬한 느낌을 전하진 못했다"라고 말한다. 그는 분석을 시작하기도 전에, 〈모세 상〉 앞에 섰을 때 마치 모세가 그 경멸 가득한 분노의 표정으로 자신을 쏘아보는 듯하여 무서운 느낌이 들었다고 고백한다. 심지어 너무 무서워서 뒷걸음질하다가 어둑어둑한 성당에서 빠른 걸음으로 도망쳐 나오기까지 했다는 것이다. 그는 마치 자신이 금송아지를 구워놓고 그 주위에서 춤을 추던 어리석은 이스라엘 백성이 된 듯했다고 말하는데, 이 대목에서 그는 모세를 배신한 이스라엘 백성을 "믿음도 인내도 없는" 사람들로 묘사한다.

이렇게, 질문이 시작되기도 전에 그의 분석은 종결된다. 이 글은 프로이트의 가장 큰 실수들 중 하나로 간주되는 작품인데, 그 이유는 모세가 분노하고 있다는 자신의 결론에 따라 프로이트가 모세의 두 번째 등산을 분석에서 배제하기 때문이다. 시나이 산에서 내려와 이스라엘 백성들의 행동에 분노한 모세가 율법판을 깨뜨리는 첫 번째 등산까지만을 이용하여 분석을 하려다 보니 어쩔 수 없이 분석의 서사가 제한된다. 첫 번째 등산에 국한된 분석에서는 아무리 성서를 정독해도 조각의 자세처럼 모세가 앉을 수 있는 순간이 없으며, 왜 율법판이 깨지지 않고 온전히 보존되었는가를 설명할 길도 없다. 조각이 교황의 무덤 장식용으로 제작되었다는 사실 역시 분노하는 모세와는 어울리지 않는다. 이런 상황에서 프로이트는 이 모세가 성서의 모세는 아니라고 결론짓는다. 미켈란젤로는, 분노가 치밀어 올랐을 때 이집트인을 살해하거나 율법판을 깨뜨리는 미성숙한 모세가 아닌 그보다 더욱 성숙한 모세를 창작해냈을 것이라는 설명인데, 학자들이 지적했듯이 왜 그 소중한 율법판을 한쪽 팔 아래 끼고 있는지, 모세가 무엇을 보고 있는지는 속 시원히 설명되지 않는다.

손가락의 위치, 수염의 모양새, 발의 자세, 시선의 방향 등 수많은 세부를 정신분석학적 방법론으로 정밀하게 분석하지만, 결과는 만족스럽지 못하다. 성서의 내용과 그 결과가 일치하지 않기 때문이다. 두려움을 느꼈을 정도로 위엄 있는 모습이고, 분명히 분노하는 표정인데, 율법판을 부수려는 자세가 아니라면 이 조각상을 어떻게 설명해야 할까? 프로이트는 자신의 마음속에 담긴 지도자 모세를 그려나가기 시작한다. 우선 『꿈의 해석』이나 『토템과 터부』에서와 동일한 방식으로 그는 자신의 주관적 느낌을 주장하기 전에, 그것을 증명할 수 있는 다채로운 객관적 증거들을 제시한다. 그 수많은 문헌들 속에서 저자들은 〈모세 상〉에 나타난 모세의 위엄을 찬양하거나 그의 분노에 대해 설명하고 있다. 그리고 일상적 전략대로 그는 이 설명들 중 자신의 주관적 분석을 증명할 수 있는 하나의 연구에 주목한다. 그것은 〈모세 상〉이 표현하는 모세가 속으로는 심하게 동요하고 있으나 겉으로는 매우 침착한 모습을 보임으로써 그러한 대비에 의해 아름다움이 배가 된다는 독일 화가 헤르만 크낙푸스의 설명이었다. 사실 이 설명은 금송아지를 구워놓고 그 주위에서 춤을 추는 이스라엘 백성들을 본 모세가 화가 나서 율법판을 깨뜨리게 되고, 그 후 다시 석판을 만들어 시나이 산에 오른다는 성서의 내용에 부합하지 않는다. 두 번째 등산에서 모세는 빈 판을 들고 가 야훼를 기다리는데, 프로이트의 해석은 이 대목을 전혀 고려하지 않는다. 두 번째 등산에 나올 법한 모세의 이미지를 첫 번째 등산 속에서 설명하려다 보니 어쩔 수 없이 억지스러운 해석을 하게 되었을 것이다. 모든 분석을 첫 번째 등산으로 제한한 프로이트는 크낙푸스의 추측에 동의하며 추가로 이유를 덧붙인다. 성서에 언급된 모세의 분노를 화가에 의해 창조된 새로운 모세의 인품으로 억누르는 상황이라는 것이다. 모세가 가까스로 분노를 삭이며 율법판을 보호하는 장면에서는, 비록 그것이 프로이트의

〈모세 상〉

성 베드로 성당에 있는 조각으로 미켈란젤로가 교황 율리우스 2세의 무덤 장
식으로 만들었다. 무엇을 보고 있는지, 성서의 어느 대목인지에 대한 의견
들이 분분한 가운데 프로이트는 시나이 산에서 십계명을 받아 내려온 모세
가 금송아지를 숭배하는 이스라엘 백성들을 바라보고 있는 모습이라고 분석
했다. 후대 학자인 루디 브레머는 이와 달리, 십계명을 깨뜨린 후 다시 석판
을 깎아 두 번째로 시나이 산에 오른 모세의 모습이라고 주장했다. 첫 번째
해석에서 모세는 분노하고 있으며 두 번째 해석에서 모세는 환희에 차 있다.
전자가 금송아지를 보고 있다면 후자는 인간으로서는 처음으로 야훼를 대면
하고 있다.

공상 속 서사이긴 하지만 정말 모세의 형상에서 발하는 빛을 볼 수 있을 것 같은 느낌이 들기도 한다. 이제 자제심까지 겸비한 영웅은 진정한 입법자로서의 면모를 두루 갖추게 된다.

그러나 그러한 모세의 모습은 프로이트가 분석한 모세라기보다는 프로이트가 미켈란젤로의 〈모세 상〉 앞에서 대면한 모세다. 프로이트는 철저히 율법을 지키는 유대인이 아니었으며 종교에 심취한 사람도 아니었다. 종교가 그에게 힘이 되었던 것도 아니고 그가 종교에 자부심을 느끼던 것도 아니었다. 프로이트에게 종교는 그저 벗어버릴 수 없는 틀 같은 것이었다. 그런 프로이트가 〈모세 상〉 앞에서 두려움을 느꼈던 것은 당연한 일이다. 모세는 모든 것을 알고 있는 듯했으며 만약 그렇다면 프로이트가 모세의 분노를 피할 길은 없었다. 성당에서 달아나는 프로이트의 모습은 유대인 정체성을 부정하는 프로이트, 그리고 그 마음을 들킨 후 달아나는 겁쟁이의 모습이다. 유대인이기에 아리아인이 될 수도 없었지만, 유대인 집단에서조차 그는 주변인이었다. 이런 상황에서 온전한 나 자신이 되는 것은 가능하지 않다. 평생을 자신의 환자들에게 현실에 맞서라고 충고해온 그가 유대인 정체성의 문제에서만큼은 어떤 주체적인 모습도 보여주지 못한다. 그러나 두 번째 작품에서는 그러한 그의 태도가 변하게 된다.

시대의 어른을 찾아서

이집트인 모세[5]

1914년 작품인 「미켈란젤로의 모세 상」과 1939년 3월에 출간된 『인간 모세와 일신교: 세 편의 논문』 사이에 많은 일들이 일어났다. 프로이트는 1차 세계대전을 겪었으며, 1933년에 정권을 잡은 히틀러가 1938년 3월 오스트리아를 침공하자 그는 영국 런던으로 망명을 하게 된다. 나치의 만행이 전해지며 가장 큰 괴로움을 느꼈던 시기에 프로이트가 온 힘을 쏟아 매진했던 작업은 모세를 소재로 한 저서의 집필이었다. 그는 1934년 「역사소설 인간 모세」를 집필했으며 이 원고는 1937년 초에 발표된다. 두 번째 부분인 「만약 모세가 이집트인이었다면...」은 1937년 말에 발표되었으며, 세 번째 부분인 「모세와 그가 선택한 민족 그리고 일신교」를 포함한 전체 내용은 1939년 3월, 프로이트가 사망하기 6개월 전 발간된다. 그는 이 어둠의 시간에 도대체 무엇을 하고 있었던 것일까? 자신의 삶을 되돌아보며 정리해야 하는 시간에 왜 마지막 숨결을 모세에게 불어넣고 있는 것인가? 꼭 이 시기에, 모세가 이집트인이며, 야훼에게 선택을 받았다는 유대인들의 생각은 모두 허구적 서사라는 충격적인 주장을 해야만 했나? 결론을 먼저 말하자면 이것은 반유대주의에 저항하는 프로이트의 방식이었으며 자신의 정체성을 회복하는 과정이었다. 그는 지금 자신이 가장 잘할 수 있는 것으로 야만의 시대를 고발하고 있다. 그 방법은 물론 글이다.

이 글은 세 부분으로 구성된다. 제목들에서 알 수 있듯이 프로이트는 객관적 자료를 바탕으로 모세에 관한 하나의 대안적 서사를 제시하는데 그 이야기가 너무나 황당하기에 그는 이를 소설이라고 부른다. 두 번째 제목은 첫 번째 제목의 주제를 반복하고 있다. 모세가 이집트인이었다면 모든 서사가 다르게 써진다는 것이다. 만약 모세가 이집트인이었다면, 출애굽 당시 모세가 이스라엘 백성에게 전한 종교 역시 이집트 종교였을 것이다. 다윈과 프레이저를 근거로 『토템과 터부』를 집필했듯이, 이 저서의 모든 주장들 역시 고고학자들의 저서에서 검증된, 또는 주장된 내용을 근거로 삼았다. 프로이트의 조사에 따르면 '모세'는 이집트어이며 이집트에는 일신교가 존재했다. 모세는 일신교를 믿는 사람이었으며 자신이 믿는 아텐교가 쇠락하자 새로운 백성을 선택하여 이집트를 탈출했을 것이다. 그렇다면 '선택받은 민족'이라는 유대인들의 생각은 모세에 의해 선택받은 기억이 왜곡되어 전해진 것으로 볼 수 있다. 여기서 또 한 가지 흥미로운 점은 프로이트가 그러한 기억이 유전된다고 말한다는 점이다. 물론 그것은 융의 영역이다.

프로이트에 따르면 이 유전된 기억은 사실 얼마간의 잠재기를 거쳤는데, 그 이유는 이스라엘 백성들이 출애굽 이후 모세를 살해했기 때문이다. 모세가 이집트의 일신교를 전할 때 그는 어떤 문화적 도구도 없이 아무것도 없는 광야에서 하나의 종교를 전해야 했으므로 원래의 교리보다 더욱 엄격한 규칙을 강제했을 것이다. 그러한 금지와 규칙을 견딜 수 없었던 이스라엘 백성들은 모세를 살해하고 광야에서 야훼라는 신을 믿는 다른 집단과 합류하게 된다. 그들의 신은 다른 민족의 신들과 그리 다를 바 없는 신이었으나 모세교를 믿었던 민족과 하나가 되며 사정이 달라진다. 모세의 정신이 부활한 것이다. 아버지를 죽였다는 죄책감에 이스라엘 백성들은 이 사건을 역사 속에 묻고 기억하지 않으려 노력했으나, 시간이 흐르며 야훼라는 이름 아래에서 예전에 죽인 모세가 서서히 부활하기 시작한다. 모세에게는 그렇게 할 수 있는 힘이 있었다. 모세의 신이 정신과 문화로 무장된 신이었기 때문이다. 모세의 율법이 온전히 야훼를 통해 드러나며 야훼의 성격이 바뀌었을 때 모세가 한 말은 사람에게서 신으로 옮아간다. 프로이트는 어떻게 신이 사람을 선택하겠냐고 반문하며 그것은 모세에게 선택을 받았던 기억의 잔재라고 말한다. 그렇게 이집트 종교와 이집트인 모세는 정신과 문화가 부각된 상태로 유대화되어 오늘날에 이르게 된다.

프로이트는 왜 이 글들을 썼을까? 책을 마치며 프로이트는 자신이 탐구하고 싶었던 주제는 "무엇이 유대인을 전혀 다른 민족으로 구별짓는가"였다고 말한다. 코 모양도 다르게 생겼고, 인성도 다르다는 나치의 주장에서와 같은 차이들이 과연 무엇을 의미하는지 생각해본 것이다. 그런데 프로이트의 답은 유대교는 사실 이집트교이며 모세는 유대인이 아니라 이집트인이라는 것이다. 진정으로 그가 하고 싶었던 말은 '만약 모세가 이집트인이라면, 유대인 박해의 명분이 사라진다'가 아니었을까? 그는 일신교와 다신교, 유대인과 비유대인, 정상과 비정상, 선과 악이 사실은 매우 상대적이라는 말을 하고 있다. 죽인 자를 사랑하고, 사랑하는 자를 죽이며, 죽인 자와 동일시하고, 미워하면서도 동일시하는 상황을 설명하며 그는 모든 것에 양가감정이 존재한다고 말한다. 모세는 이집트인일 수도 있고, 신성한 것은 더러운 것일 수도 있다는 것이다. 프로이트는 라틴어 사케르sacer는 '신성한'이라는 뜻만 가지고 있는 것이 아니며 '악랄한', '혐오스러운' 등으로 번역되기도 한다고 말한다. 이러한 맥락에서 두 번째 글의 제목인 「만약 모세가 이집트인이었다면...」의 뒷부분인 "..."에는 어떤 말이 생략되어 있을까? 그것은 "유대교는 이집트교이다", 또는 "유대인은 유대인이 아니다"가 아닐까? 그러나 이렇게 주장함으로써 프로이트는 어느 때보다 더욱 강건히 자신의 유대인 정체성을 온전히 수용하고 전투가 벌어지는 최전선으로 나아간다.

시대의 어른을 찾아서

이 책을 1914년 논문과 비교하면 또 한 가지 차이를 알 수 있다. 그가 더 이상 모세를 두려워하지 않는다는 점이다. 이로써 그는 유대인 콤플렉스를 극복한다. 조각상 앞에서 모세의 권위와 율법에 압도당했던 1914년의 프로이트와 달리 1938년의 프로이트는 모든 고정된 정의에 도전한다. 유대인 학살에 맞서, 그는 모세가 이집트인이고 일신교가 이집트의 종교라면 과연 유대인과 유대교란 무엇인가를 묻고 있다. 마음에 스며든 두려움을 정답 삼아 이론을 끼워 맞추어가던 지난날의 글과 달리, 이번에는 그러한 두려움을 산출한 고정된 사고의 모순을 드러낸다. 프로이트는 이러한 방식으로, 인간을 정의하고 분류하고 그에 따라 등급을 나누는 일이 얼마나 부질없는 일인가를 보여준다. 물론 프로이트 자신이 거듭 강조하듯이 고고학자들의 자료가 모두 믿을 만한 것은 아니다. 그러나 그럼에도 그는 이미 작성된 고고학 논문을 정신분석가가 자료로 이용하는 것에 무슨 문제가 있냐고 반문한다. 83세의 노인 프로이트는 지금 어떤 것도 두렵지 않다. 만약 모세가 이집트인이라면 히틀러의 유대인 학살의 명분이 사라진다. 더욱 놀라운 것은 이러한 해체의 과정 끝에 그는 정신과 문화의 종교인 유대교를 받아들인다. 먼 길을 돌아 온전한 자기 자신으로 복귀하는 것이다.

보편을 향하여

보편을 포기한 결과

아돌프 히틀러[6]는 1923년 뮌헨에서의 쿠데타에 실패한 후 9개월간 구치소에 구금된 상태에서 나치 운동의 목표와 운동의 발전 방향을 공고히 하기 위해 『나의 투쟁』을 집필한다. 이 저서에서 그는 유대인에 대해 편견이 없던 자신이 왜 유대인을 증오하게 되었는가를 조악한 이유를 들어 제시하고 있는데 예들 들어 유대인에게는 냄새가 난다는 사실을 알게 되었다는 것이다. 『나의 투쟁』은 이상심리학 사례로 연구할 수 있는 저서로서, '보편'을 포기하는 경우 초래되는 파국을 매우 잘 보여주고 있다.

히틀러는 제11장 「민족과 인종」에서 유대인을 "다른 민족의 체내에 사는 기생충"이라 지칭한다. 그가 대극에 배치하는 것은 순수한 혈통의 아리아인이다. 그는 혈통적 경계선이라는 것을 중요시하는데, 그 경계선을 파괴하는 것 역시 유대인들이다. 라인 지방에 흑인을 데려온 것도 유대인들이며, 그들이 혼혈화를 통해 "백인종을 파멸"시키고자 한다는 것이다. 그는 "자신의 피를 자각하고 있는 인종적으로 순수한 민족"은 결코 "인종적 수준을 하락시키려 시도"하는 유대인들에게 정복되지 않을 것이라고 말하며 "스스로 혼혈을 행하고 또 혼혈을 방임"하는 사람들을 비난한다. 히틀러는 무엇보다 "인종의 순수성"을 강조한다. 나치의 표어 역시 "하나의 민족, 하나의 국가, 하나의 지도자"였다. 그는 "인종 교배"의 결과를 다음과 같이 요약한다.

1. 더 우수한 인종의 수준 저하.
2. 육체적 · 정신적 퇴행과 그에 따라 느리지만 확실히 진행되는 질병의 시작.

히틀러는 "아리아 인종이 더 열등한 민족과 혼혈할 경우에 그 결과로서 반드시 문화민족으로서의 종말을 맞이했다"며 열등한 인종과의 혼혈에 대해 경고한다. 그는 인종 교배는 "영원한 창조자의 의지에 반해 죄를 범하는 것"이라고도 말한다. 나치당의 표어에서와 같이 순수한 하나를 위해 히틀러는 600만 명의 유대인을 학살했다.

히틀러에게 이것은 평화를 유지하는 길이었다. 여기서 그가 사용하는 평화라는 개념은 보편의 차원으로 진입하지 않는다. 그보다 히틀러는 "독일의 평화주의자만이 자국민의 이익을 언제나 객관적으로 관찰"할 수 있다고 말한다. 히틀러의 말을 들어보자.

…… 이 세계에서 평화주의적 사상이 현실적으로 승리하기를 진심으로 바라고 있다면 그는 독일인에 의한 세계 정복을 원하고 모든 수단을 사용해서 전력을 다해야 할 것이다. 만일 그 반대로 된다면 최후의 독일인과 더불어 최후의 평화주의자도 또한 사멸할 것이 틀림없다 …… 그렇기 때문에 좋거나 나쁘거나 평화주의를 달성하기 위해서는 전쟁마저도 불사한다는 것을 굳은 의지로 결의할 필요가 있을 것이다 …… 실제로 평화주의적 · 인도적 관념도 다음과 같은 경우에는 아마도 전적으로 훌륭한 것이 될 것이다. 즉 최고의 인간이 자신을 이 지상의 유일한 지배자로 만들어버릴 정도로 미리 세계를 정복해서 복종시켜버렸을 때이다.

히틀러는 진정한 평화란 "세계가 더 높은 문화를 이루는 데 도움이 되게 하려는 지배 민족의 승리의 검에 의해 수립된다"고 말한다. 히틀러 자신과 게르만 민족의 순수성이 보편적 가치에 우선한다는 의미다. 히틀러는 실제로 "관념 그 자체는 다만 인간에 의존하는 것"이며 "일정한 인종이나 인간의 보존이 이러한 관념의 존속을 위한 전제 조건"이라고 말한다. 이러한 방식으로 히틀러는 왜곡된 개별적 증상을 모든 이론과 관념의 전제로 삼는다. 이 지점에서 역사상 가장 나쁜 동일시의 한 사례가 나타난다. 독일 국민들은 보편이 사라진 히틀러와 나치당에 환호했다. 보편적 가치가 사라진 상태에서는 보편의 차원으로 고양되어야 할 개념들이 모두 왜곡된다. 이러한 분위기에서 나치당은 적법한 절차로 제1당이 되고 1933년 1월 히틀러는 총리로 취임한다. 국민들은 히틀러와 강렬한 감정적 유대를 형성했으며, 『나의 투쟁』에서 밝힌 히틀러의 왜곡된 생각들을 자신의 마음에 받아들였다.

'보편'이라는 것을 포기한 결과는 참담했다. 무슨 짓을 해도 되는 세상이 도래한 것이다. 그것은 충동의 혼돈 그 자체를 적법한 것으로 용인하는 것과 같은 재난이었다. 보편을 존중하지 않는다는 것은 누군가 스스로 법이 되어 어떤 규제도 없이 원하는 대로 행동할 수 있는 상황이 초래된다는 것을 뜻한다. 그렇게 히틀러 그 자신이 법이 된다. 선전포고도 없이 폴란드를 침공했다는 사실도 그가 국제법을 철저히 무시하고 있다는 것을 보여주는 대목

프로이트의 편지

이다. 그러나 많은 대중들은 독재자에게 환호를 보냈고, 그가 전쟁에서 승리를 거둘 때마다 더욱더 열렬히 그를 지지했다. 히틀러를 움직이는 충동의 혼돈은 이러한 왜곡된 지지에 의해 그 기세를 더욱 맹렬히 떨치게 된다. 그리고 혼돈에서 비롯되는 비이성적 명령들이 모두 절대적으로 옳다는 망상이 점점 더 강렬해진다. 암시와 선동에 최면이 걸린 사람들은 불합리한 그의 명령들에 목숨을 걸고 복종했다. 최측근들이 무엇인가 잘못되었다는 것을 직감했을 때도 히틀러의 남발되는 무모한 명령을 막을 수는 없었다. 그의 망상을 저지할 수 있는 것은 존재하지 않았다. 충동의 혼돈에는 파괴와 절멸과 소멸이 있을 뿐 정신이나 이성이나 전략이 존재하지 않는다. 그는 『나의 투쟁』을 자신이 운동이라고 부르는 나치즘에 대한 체계적인 이론서로 소개하지만, 사실 이책은 정신, 보편, 이성과 분리된 충동의 혼돈이 그리는 지옥의 기록이다. 히틀러의 범죄는 죽음 충동이 문화를 압도할 때 어떤 일이 벌어질 수 있는가를 보여준 하나의 역사적 사례다.

하늘의 법을 따르다

안중근 의사[7]와 김구 선생님[8]은 야만의 시대에 보편의 정신을 강조하신 분들이다. 안중근 의사는 뤼순 감옥에서 『안응칠 역사』

와『동양 평화론』의 서론 부분을 집필한다. 그는 1908년 북간도에서 한국의용병 참모중장의 직책으로 활동할 때 포로가 된 일본 군인들에게 다시 총포를 돌려주고 풀어주었던 일을 자서전에 적고 있다. 그는 "현재 만국 공법에 사로잡은 적병을 죽이는 법은 전혀 없다. 어디다 가두어두었다가 뒷날 배상을 받고 돌려보내주는 것이다"라고 그 이유를 밝힌다. 안중근 의사는 이토 히로부미 저격 후 체포되었을 때도 일본 형법이 아닌 국제 공법으로 재판할 것을 요청한다. 최후 공판에서 그는 재판장에게 "…… 나는 전쟁에 나갔다가 포로가 되어 이곳에 온 것이라 확신하고 있으므로, 나를 처벌하려거든 국제 공법에 의해 다스려줄 것을 희망하는 바이다"라고 말한다. 의거 직후 러시아 헌병에게 체포되었을 때도 저격이 개인의 자격으로 행한 테러나 범죄가 아니라 "대한의용군 사령의 자격"으로 행한 전투라는 점을 분명히 한다.

안중근은 하늘의 법을 따르고 있다. 일본 영사관에서의 심문에서 그는 이토 히로부미의 죄를 다음과 같이 열거한다.

1. 한국 명성황후를 시해한 죄.

2. 한국 황제를 폐위시킨 죄.

3. 5조약과 7조약을 강제로 체결한 죄.

4. 무고한 한국인들을 학살한 죄.

5. 정권을 강제로 빼앗은 죄.

6. 철도, 광산, 산림, 천택을 마음대로 빼앗은 죄.

7. 제일은행권 지폐를 발행, 마음대로 사용한 죄.

8. 군대를 해산시킨 죄.

9. 교육을 방해하고 신문 읽는 걸 금지시킨 죄.

10. 한국인들의 외국 유학을 금지시킨 죄.

11. 교과서를 압수하여 불태워 버린 죄.

12. 한국인이 일본인의 보호를 받고자 한다고 세계에 거짓말을 퍼뜨린 죄.

13. 현재 한국과 일본 사이에 분쟁이 쉬지 않고 살육이 끊이지 않는데, 한국이 태평무사한 것처럼 위로 천황을 속인 죄.

14. 동양평화를 깨뜨린 죄.

15. 일본 현 천황의 아버지 고메이 선제를 죽인 죄.

김구 선생님 역시 하늘의 법을 따르신 분이다. 어린 김구가 가장 먼저 감정적 유대를 형성한 것은 동학東學이다. 빈부귀천에 차별이 없으며 사람이 곧 하늘이라는 만민평등사상은 그에게 새로운 길을 보여준다. 양반들에게 멸시와 천대를 당하며 구조적 장벽에 좌절하던 그에게 동학은 하나의 새로운 세상이었다. 그가 만난 또 하나의 멘토는 고능선이라는 학자다. 고능선은 책이 가득한 자신의 사랑에 김구를 불러 그곳에서 김구가 온 마음으로 학문을 익히도록 돕는다. 이뿐만 아니라 그는 김구가 느끼던 좌절과 고통을 어루만지며 그에게 다시 일어설 수 있는 용기를 불어넣는다. 김구는 매일 고능선을 찾는다. 김구에게 필요한 지식과 지혜를 전하기 위해 고능선은 최선을 다해 좋은 동일시의 대상들을 소개한다. 『백범일지』에는 이 부분이 다음과 같이 묘사된다.

> 선생은 주로 의리가 어떤 것인지에 대해 말씀하셨다. 아무리 발군의 뛰어난 재주와 능력 있는 자라도 의리에서 벗어나면 재능이 도리어 화근이 된다는 것과, 사람의 처세는 마땅히 의리에 근본을 두어야 한다는 것, 그리고 일을 할 때에는 판단·실행·계속의 세 단계로 사업을 성취해야 한다는 것 등, 여러 가지 좋은 말씀을 들려주셨다. 가만히 보면 언제나 내게 보여주기 위해 책장을 접어두었다가 들춰 보이곤 했는데, 그것만 보아도 선생이 얼마나 열심히 나를 가르치고 있는지 알 수 있었다.[9]

김구는 이 정신 수련을 거치며 지식뿐만 아니라 분석력과 과단력을 배우게 된다. 그는 사람을 믿었고 진심을 믿었다. 그의 자아를 성장시킨 또 한 가지의 배움은 불교다. 그는 명성황후 시해의 원수를 갚기 위해 일본인을 살해하고 수감되는데, 탈옥 후 은거를 위해 찾은 마곡사에서 은신책으로 불교에 귀의한다. 이번에도 그는 새로운 스승들에게서 가르침을 받는다. 이 과정에서 김구가 배운 것은 내려놓는 것이다. 그는 그동안 양반들에게 당한 만큼 되돌려주고 싶은 마음에서 비롯된 파괴적 생각이 허영과 야욕이라는 것을 깨달았으며 그러한 생각을 "악마와 같은 생각"이라고 표현한다. 이후 다시 고능선을 만났을 때 그는 예전의 김구가 아니었다. 김구는 고능선의 세상 밖을 볼 수 있는 새로운 세대였다. 즉 이때 나타난 신·구의 대립은 김구가 예전의 자신보다 열려 있고 전진한 상태였다는 것을 알려준다. 부친상을 당한 후 김구는 당시 애국운동과 신교육에 앞장서던 예수교에 입교한다. 그는 이때부터 본격적으로 신교육에 힘쓰며 애국사상고취와 인재 양성에 힘을 기울인다.

김구 선생님은 이러한 여정 속에서 큰 바위 같은 국민의 아버지가 된다. 그는 사람을 무서워하지 않았고, 새로운 것을 겁내지 않았으며, 위기의 순간에 현명하게, 그리고 용기 있게 결단했다. 그가 임시정부의 주석 자격으로 행한 모든 일들은 국민이 국가 원수에게 바라는 이상이었다. 그는 우리의 아버지이자 어머니이자 치유자이자 국민의 보호자였다. 김구 선생님은 우리와 함께 걸었고 함께 생각했고 함께 이야기했다. 광복군의 힘으로 독립을 쟁취하려는 계획은 무산되었고, 임시정부의 국무위원들은 광복 후 개인 자격으로 귀국했으며, 김구 선생님께서는 끝내 암살당하셨지만, 이 모든 불합리에도 불구하고 우리는 백범 김구 선생님과 감정적 유대를 맺고 있다. 이 유대는 그를 가르쳤던 그의 많은 스승들과의 유대이며, 그가 만난 독립투사들과의 유대이기도 하다. 그것은 그들이 믿었던 하늘의 법과의 유대이며, 또한 보편을 향한 그들의 염원과의 유대이다.

프로이트의 편지

나오는 말

만약...

나를 움직인 꿈들

2014년 『내 무의식의 방』을 출간한 후 일련의 꿈들을 꾸었는데, 그중 다음 두 개의 꿈은 내가 나아가야 할 방향을 알려준 꿈들이었다. 거꾸로 움직이는 에스컬레이터 꿈과 탄 법랑 냄비 꿈이 그 꿈들이다.

저서 출간이 네 권에 이르니 많은 출판사들이 연락을 해왔다. 여행기, 포토에세이, 해설서, 여성 심리, 영화 비평, 문화 비평 등 다양한 주제들이었다. 다 맡고 싶었고 유명해지고도 싶었다. 조건도 좋았고 내가 좀 쉴 수 있는 책들도 있었다. 여행을 하며 느껌을 적으면 책이 된다니 얼마나 좋은 기회인가? 그때 꾼 꿈이 에스컬레이터 꿈이다. 꿈속에서 나는 에스컬레이터를 타고 있었는데, 올라가려 했지만 아래로 내려가는 에스컬레이터에 서 있는 상황이라 올라가는 것이 어려웠다. 아무리 노력해도 '제자리걸음'이었다. 꿈을 꾼 후 분석을 시작했다. 여기서 키워드는 물론 제자리걸음이다. 그 많은 책들을 다 써봐야 제자리걸음인 것이다. 내게 아직 절실함이 없었기 때문이다. 절실함 없이 하는 작업은 늘 제자리걸음으로 끝난다. 나는 꿈속에서 더 높이 올라가려 애쓰고 있다. 더 유명해지고 싶은 것이다. 그러나 그 마음 때문에 일을 맡으면 결국 제자리에서 멈추게 된다는 걸 이미 알고 있다. 나는 꿈을 꾼 다음 날 출간 제의를 모두 고사했다. 그때는 멈추는 것이 옳았다. 절실한 마음이 들 때까지, 내 안에 이야기들이 차오를 때까지 기다려야 한다고 생각했다.

2016년 초 복교하며 집 구석구석을 다 들추어 대청소를 했다. 그리고 늘 불편했던 몇 가지들을 개선했다. 화장실에 시계가 하나 있으면 좋겠다는 생각을 몇 년씩 했으면서도 그 하나를 바꾸지 않고 늘 시계를 보러 밖으로 뛰어나오곤 했었다. 화장실에 시계를 사다 놓은 것에서 시작하여 조금 불편했던 많은 것들을 다 고쳤다. 삶이 편해지는 것 같았다. 그날 저녁 나는 꿈에 새로 산뜻한 법랑 냄비를 보았다. 한 번도 사용하지 않은 것인 듯 깨끗했다. 그런데 뚜껑을 열어보니 법랑 냄비 바닥이 타서 다 벗겨져 있었다. 언어분석에서 시작하면 되는 꿈이었다. 바닥이 벗겨졌다는 건 바닥에 상처가 났다는 뜻이다. '까맣게 타들어간다'라는 표현도 있다. 이 꿈의 주제어는 '상처'다. 즉 마음에 대한 이야기인 것이다. 꿈은 겉만 번지르르하게 닦고 정리하는 것은 아무 소용이 없다고 말한다. 속이 다 벗겨져 있지 않은가? 속에 상처가 난 것조차 모르고 있으며 열어보고서야 그걸 깨닫는다. 나는 내가 무엇을 먼저 해야 하는지 이미 알고 있다. 그러나 속에 있는 상처는 놔두고 겉만 닦고 있었던 것이다. 마음속 상처를 보듬어야 했다. 그건 쉬운 과정이 아니었다. 그동안 그냥 넘기던 것들, 참던 것들, 봐주던 것들에 대해 문제를 제기하기 시작했고 이 과정에서 삶에 생채기가 생겼다. 그러나 그 상처는 법랑 바닥의 상처를 치유하는 성스러운 상처였다. 가끔은 파투를 내고 파괴하고 싸우는 일이 내 삶을 곪게 만들었던 근본적인 상처를 치유하는 역할을 하기도 한다.

절실한 마음이 차올랐다. 책을 쓰고 싶었다. 나 한 사람이 느낀 사소한 이야기지만 그 속에 양육과 발달과 성숙에 관한 보편적 이야기가 담겨 있다는 생각이 들었다. 근본적인 상처들, 다르게 선택할 수 있는 가능성들, 삶의 방향으로 전진할 수 있는 힘에 대해 이야기하고 싶었다. 무엇보다 먼저 내 삶을 되짚어보고 싶기도 했다. 돌아간다면 바꾸고 싶은 것들을 생각해보고 싶었다. 내가 더 어른스러웠다면 할 수 있었던 일들을 되짚어보고 싶었다. 무엇보다 길을 찾고 싶었다. 삶으로 나아갈 길, 멈춘 시간을 흐르게 만드는 길에 대해 고민해보고 싶었다. 그때 아카넷 출판사에서 연락을 했다. 그렇게 이 책이 시작되었다.

치유적인 세상을 위하여

동반자살을 선택하기보다, 직장을 잃은 아버지가 가족들과 터놓고 이야기를 나눌 수 있었다면... "얘들아, 이제 우리 가족은 어떻게 하면 좋을까? 너희들이 좋아하는 것들을 모두 다 계속 해주고 싶은데 아빠가 이제 그럴 수가 없게 됐네. 어쩌지? 정말 미안하다." 아이들이 스스로 말할 기회를 주었다면... "아빠 걱정하지 마세요. 우리가 다 같이 있는 게 제일 중요한 거잖아요? 아빠 힘내세요. 우리가 있잖아요. 우리 걱정은 하지 마세요. 저희도 도울게요."

은석이의 어머니가 은석이에게 미안하다고 말할 수 있었다면... "은석아, 미안하다. 너를 미워한 게 아니야. 내가 많이 힘들었어. 내 삶이 지옥 같았어. 네가 안 보였어. 네가 얼마나 힘든지 몰랐다. 정말 미안하다. 우리 아들, 사랑해."

전문가가 세월호의 조정키를 잡고 있었다면... "승객 여러분, 당황하지 마시고 제 지시에 따라 행동해주세요. 여러분들을 끝까지 지켜드리겠습니다. 저를 믿으시고 차분하게 대처하시면 됩니다. 탈출할 수 있는 충분한 시간이 있습니다. 질서를 지켜 한 분씩 갑판 위로 올라와 승무원들의 지시에 따라 구조선에 탑승해주세요. 저는 마지막 승객이 탈출할 때까지 이 배에 남아 있을 겁니다. 아무 걱정하시지 마세요."

삶의 방향성을 가진 이들이 정치를 한다면... "미쳤습니까? 선령 규제를 다시 완화한다고요? 버려야 하는 배를 왜 사들이자는 겁니까? 살인 행위를 허가할 수는 없습니다. 내 아이, 내 가족이 그 배를 타게 된다고요."

김구 선생님께서 살아계셨다면... 시대의 정신적 지주가 되어 삶의 방향을 제시해주실 수 있었다면... 그랬다면 우리 역사는 어떻게 변했을까? 우리 국민 한 사람, 한 사람이 모두 선생님의 그 바위 같은 어깨에 기댈 수 있었다면....

이것은 끝난 이야기가 아니다. 우리가 과거로 돌아갈 수 있기 때문이다. 시간의 길을 따라 과거로 돌아가 그 시간을 되살릴 수 있다. 프로이트는 그것을 애도라고 불렀다. 그것은 감정적 유대를 맺는 일에 속하는 작업이다. 애도란 사랑하는 사람을 잘 보내는 일인 동시에 그 사람을 진정으로 마음에 품는 길이기도 하다.

우리의 마음에 그 사람들을 담는 것, 그것이 바로 동일시다. 동일시를 통해 그들은 우리 안에서 그들이 살 수 있었던 시간을 살고, 그들이 할 수 있었던 일을 하고, 그들이 하고 싶었던 일을 성취할 수 있다. 우리 아이들을 위해 다른 삶을 만들어낼 수 있어야 한다. 그들이 원하는 새로운 세상을 만들어야만 한다. 그 시작은 전문가들의 세상을 만드는 것이다. 전문가의 세상에는 대충 덮고 넘어가는 이들, 돈이면 뭐든 다 하는 이들, 거짓말에 익숙한 이들, 이기심으로 남을 배척하는 이들이 설 자리가 없어진다. 전문가의 자아는 좋은 동일시로 연대한 감정적 유대로 구성된다. 그리고 전문가들은 삶의 매 순간 그들 자신이 다시 손을 뻗어 새로운 감정적 유대를 형성해나간다. 무엇보다 먼저 우리는 이 나라의 아이들이 그렇게 자라도록 조력해야 한다. 정신분석이 꿈꾸는 궁극적 이상은 내 자식, 내 가족, 내 집단을 넘어 우리 모두가 대양적 감성으로 감정적 유대를 맺게 되는 에로스의 세상이다.

　나는 이 책에서 인간관계의 근본원리로 작동하는 동일시 개념을 중심으로 행복한 삶을 위한 정신분석적 조언들에 대해 설명했다. 우선 행복으로 가는 지름길은 완벽함에 대한 집착에서 벗어나는 것이다. 내 아이를 완벽하게 키우고자 하는 부모의 마음은 궁극적으로 아이에게 해가 된다. 삶이 항상 안전하고 통제될 수는 없다. 통제된 공간에서는 '길을 걸어간다'는 표현을 사용할 수 없다. 안락하고 안전한 공간인 듯 보이지만, 그곳에는 길이 없다. 앞으로 나아갈 수 없다는 뜻이다. 완벽한 공간이라는 것이 바로 이러한 폐쇄 구조를 가진다는 사실을 기억해야 한다.

완벽함이라는 허상을 깨지 못하면 변화도 불가능하다. 끊임없는 동일시 속에서 새로운 외부 대상을 동화해가는 여정은 닫힌 체계 속에서는 결코 가능하지 않다. 새로운 사람들을 만나고 새로운 일에 도전하고 새로운 방식을 개발하는 일은 언제나 불안을 동반한다. 그러나 불안을 피하기 위해 새로운 곳에 가지 않고 새로운 사람을 만나지 않는다면 그러한 삶 속에서 우리는 더욱 큰 불안을 느끼게 된다. 필연적으로 발생하는 변수들이 멈추어진 삶을 위협하기 때문이다. 자극이 없는 듯한 인위적 공간이 순간적으로는 편안하게 느껴질 수 있지만 그런 삶은 무한히 동일한 것이 반복되는 거짓 평온으로서 얼마 가지 않아 그 나약함을 드러내게 된다.

사람을 만나고 새로운 일을 경험하는 과정은 매우 정적인 방식으로도 수행될 수 있다. 정신분석은 영$_0$이라는 숫자를 좋아한다. 0은 존재하지 않는 것을 표시하는 숫자로서 그 자체는 존재하지만 그것이 의미하는 내용은 존재하지 않는다. 즉 우리가 0이라고 쓸 때 우리는 없는 것을 표시하기 위해 어떤 표현을 사용하고 있는 셈이다. 0이라는 표현 속에서 없는 것이 있는 것으로 바

뀐다는 뜻이다. 무엇인가 있어야 1을 더하지 않는가? 아무것도 없는 곳에 어떻게 1을 더하겠는가? 아무것도 없는 것을 0으로 표시했을 때 세상의 숫자들이 나타난다. 그것이 바로 우리가 삶을 만들어가는 방식이다. 이를 위해 우리는 우리 마음속에 숨 쉴 수 있는 공간, 즉 자아의 틈을 간직할 수 있어야만 한다. 가만히 앉아서 책을 읽는 순간을 생각해보자. 아무 일도 일어나지 않는다. 그러나 저자와 인물이 마음에 들어오며 아무것도 없던 곳에 이야기가 생겨난다. 모든 상황이 그대로지만, 내 마음에 새로운 인물들이 담겼고 그들의 이야기가 나를 바꾸었기에 나는 이제 현재의 상황에 다르게 대처할 수 있다. 아무것도 없던 곳에 사람의 이야기가 만들어지는 과정, 바로 이 마술적 경험을 프로이트는 동일시 또는 감정적 유대라 불렀다.

내 자아에 동화되는 새로운 인물이 꼭 내 앞의 살아 있는 사람일 필요는 없다. 그는 과거의 인물일 수도 있고, 허구적 인물일 수도 있으며, 한 번도 만나지 못한 작가나 감독일 수도 있다. 선생님이나 친구일 수도 있고 물론 내 부모님일 수도 있다. 이 과정에서 우리가 해야 하는 일은 외부의 사람들이 내 마음에 이어질 수 있는 0의 자리를 마련하는 것이다. 그것은 빈 공간을 뜻한다. 자아 속에 새로운 형상과 새로운 이야기가 담길 수 있도록 틈을 만들어야 한다. 그리고 나 역시 내 자아가 다른 사람의 마음에 연결되도록 다른 이들의 손을 잡아야 한다.

2013년 한국학교상담학회에 참석했을 때 상담가 선생님들은 주위에 손잡을 단 한 명만 있으면 아이들이 자살하지 않는다고 말씀하셨다. 고립된 아이가 감정적 유대를 맺을 수 있는 그 한 명을 말하는 것이다. 2013년 당시, 통계에 잡히지 않는 학교 밖 아이들은 28만 명이었다. 분명히 태어났는데 초, 중, 고 어디에도 적이 없는 아이들의 숫자다. 이곳은 동일시나 감정적 유대에 대한 이야기를 시작하기 전에 가장 먼저 인력과 예산이 투입되어야 하는 지점이다. 이 청소년들을 찾지 않은 채 전문가가 되는 여정을 고민하는 것은 허학에 불과하다. 좋은 부모, 좋은 친구, 좋은 교사를 만나 감정적 유대를 형성하는 것은 고사하고 학교 가는 것 자체를 부러워하는 청소년이 있다면 우리는 그 아이에서부터 이야기를 시작해야 한다. 그러려면 그 아이들을 찾아야 한다.

매해 5만 명에서 7만 명에 이르는 아이들이 학교를 떠난다. 28만 명이 넘는 학교 밖 아이들 중 자신의 의지로써 교육제도의 문제를 지적하며 학교를 그만둔 아이들도 분명 존재할 것이다. 그러나 많은 아이들은 교복을 다시 입고 싶고, 친구를 사귀고 싶고, 다시 공부를 하고 싶지만 돌아갈 수 없는 상황에 처해 있다. 이들을 도울 수 없다면 우리는 결국 다시 내 아이, 내 가족만이 중요한 폐쇄적 공간에 갇히게 된다. 이 공간은 세월호 참사가 일어나는 출발점이었다.

통계에 잡히지 않던 아이들이 세상에 나타나도록 그들의 손을 잡아주는 것, 태어나자마자 버려지는 아이들의 손을 잡아 그들의 부모가 되어주는 것, 그것이 감정적 유대의 형성을 강조할 때 가장 먼저 실천되어야 하는 일이다. 이 책은 그러한 실천이 선행되었을 때 비로소 의미를 가질 수 있게 될 것이다.

이 책에는 정남규 사건을 비롯한 범죄 사건들이 언급되어 있다. 이 사건들에 대해 쓰면서 내내 걱정되었던 것은 피해자의 유가족이나 사건과 관련된 분들이 어떻게 느끼실까 하는 것이었다. 감히 바라건대, 그분들께서 이 책의 목적은 그러한 범죄가 다시는 일어나지 않도록 막기 위한 것이라는 점을 이해해주셨으면 하는 마음이다. 무엇이 어디서 잘못될 수 있나, 어떻게 다른 미래를 만들 수 있을까에 대한 고민의 하나로서 그 사건들을 언급했던 것임을 말씀드리고 싶다. 앞으로 범죄를 예방하고 치유적인 세상을 만드는 데 내가 가진 모든 역량을 기울여 최선을 다할 것임을 약속드린다.

책을 쓰고 난 후, 선택된 사례들 속에 종교에 대한 이야기가 많이 언급된다는 것을 깨달았고 마음이 불편해졌다. 그렇게 해도 되는 것인지, 그 사례들을 배제하는 것이 좋을지 계속 고민했다. 과거에는 천주교 신자였으나 현재 나는 종교가 없다. 이 역시 내 삶의 여정에서 변하고 있는 부분으로서 언젠가 준비가 되었을 때 이를 책으로 쓸 생각이다. 아직은 그 여정 중에 있으므로 큰 지도가 보이지 않는다. 확실한 것은 현재 내가 종교를 떠나 있고 종교적 목적으로 이 책을 쓴 것도 아니라는 점인데, 사례에는 유독 종교적 특성이 많이 배어 있었다. 이에 대해 깊이 고민했으며, 최종적으로, 내가 언급한 사례들이 에로스의 확장을 보여준다는 점에서 종교에 대한 내 고민이나 종교적 사례를 사용하는 것에 대한 내 갈등보다 더 중요하다는 결론에 이르렀다. 그 사례들에 우리 아이들이 멋진 전문가로 성장하는 데 도움이 될 동일시의 이야기들이 포함되어 있기 때문이다.

가능한 한 사례들은 현재 시점으로 서술하려고 노력했다. 그 사건들이 여전히 한국의 어디에선가 현재 진행형으로 계속되고 있을지 모른다고 생각했기 때문이다. 아이를 학대하는 부모, 충동의 혼돈 속에 갇힌 사람들, 제도 밖으로 밀려난 사람들, 부모에게 버려진 아이들, 내 마음속에 묻혀 있거나 남의 시선 속에 갇혀 있는 사람들, 지배하는 동일시에 포획당한 이들, 가학적 초자아의 덫에 걸린 이들, 오늘도 내 몫만을 챙기며 나머지는 대충 수습하고 넘어가는 이들의 이야기는 여전히 어디에선가 진행되고 있다.

그러나 다른 현실이 가능하다. 다른 미래도 가능하다. 지금 눈을 뜨고 세상을 바라본다면 그리고 세상 속 사람들과 감정적 유대를 형성한다면 새로운 삶이 가능하다. 안락한 공간 밖으로 손을 내미는 것은 쉬운 일이 아니다. 그러나 내 공간을 열고 용기를 내 앞으로 한 걸음 나아갈 때 우리의 문화 전체가 진일보할 것이다. 그렇게 우리는 어린 김구들, 나라의 어른들이 가득한 세상을 함께 만들어낼 수 있다. 그것이 바로 프로이트가 꿈꾸던 에로스의 세상이다.

마지막으로 이 책을 쓰는 과정에서 내 한계를 넘어 앞으로 나아가게 도와주신 광운대학교 대학원 교육학과, 범죄학과 석·박사 과정 학생들과 아카넷 출판사 박수용 과장님께 감사드린다.

라캉의
동일시 세미나[1]

동일시라는 프로이트의 개념을 중심에 배치하여 전개한 이 책에서 마지막으로 해야 할 작업은 자크 라캉의 '동일시 세미나'에 대해 언급하는 것이다. 자크 라캉은 "프로이트로의 복귀"를 호소하며 정신분석학에 대한 자아심리학자들의 해석 방식을 비판한 정신분석가다. 그는 분석가들 대부분이 허상에 갇혀 프로이트의 진정한 메시지를 이해하지 못한다고 말했다. 라캉은 정신분석학을 제대로 이해하려면 프로이트로 복귀해야 한다고 주장했으며 이 주장을 바탕으로 1952년부터 매해 공개 세미나를 개최하여 프로이트의 정신분석학을 재해석했다. 그중 그가 1961년에서 1962년에 걸쳐 진행한 9번째 세미나의 제목이 '동일시'다. '동일시 세미나'는 아직 프랑스에서도 출간되지 않았으며 내부 열람용으로 녹취록이 기록되어 있을 뿐이다.

라캉 전공자인 나는 라캉의 손가락이 가리키는 곳을 따라 프로이트 전집에 도착했는데, 그곳은 바로 내가 처음 여행을 시작했던 출발점이기도 하다. 물론 라캉을 거쳐 돌아온 프로이트는 처음의 모습과는 달라 보였다. 박사 학위를 받고도 한참이 지나기까지 나는 언제나 라캉의 시선을 통해 프로이트를 만났다. 그런데 프로이트를 수없이 재독하는 과정에서 내게 변화가 일어났다. 프로이트의 시선으로 라캉을 볼 수 있게 된 것이다. 다시 만난 라캉의 손가락은 이상하게 휘어져 보였다. 그 손가락을 따라가면 프로이트를 제대로 만날 수 없을 듯했다. 동일시 세미나를 읽을 때도 나는 같은 회의감을 느낄 수밖에 없었다.

이 세미나에서 라캉은 단 한 번도 동일시에 대한 프로이트의 정의를 언급하지 않는다. 그가 수도 없이 설명한 "감정적 유대"라는 말이 단 한 번도 나오지 않는 것이다. 「왜 전쟁에 반대하는가」 역시 한 번도 언급되지 않는다. 라캉은 프로이트의 동일시 개념을 전혀 다루지 않는다. 그렇다면 26회에 걸친 이 긴 강연들에서 그는 도대체 동일시에 대해 무슨 이야기를 하고 있는 것인가? 그것이 프로이트의 동일시 개념과 관련이 있기나 한 것일까?

라캉이 동일시 세미나에서 가장 중요하게 생각하는 개념은 '기표'다. 기표는 기호가 아니라는 말을 거듭 반복하며, 그는 누군가를 위해 무엇인가를 대표하는 기호와 달리, 기표의 기능은 다른 기표를 위해 주체를 대표하는 것이라고 설명한다. 이것이 세미나의 시작이자 끝이다. 그는 왜 이 말을 가장 중요한 곳에서 수차례 반복하고 있는 것일까? 그것은 '공백'을 강조하기 위해서다. 프로이트의 동일시 개념에도 공백과 관련된 부분이 있을까? 물론이다. 0이라는 숫자를 통해 언급했던 내용을 다시 떠올려보자. 자아속에 빈 곳이 있어야 감정적 유대의 과정 자체가 가능해진다.

또한 공백이란 정답이나 공식을 불가능하게 만드는 이물질이다. 아버지와의 동일시의 경우에도 우리는 모두 각자의 방식으로 수많은 우연들과 필연들 속에서 특정한 형상과 동일시를 이룬다. 그런데 그것이 과연 실제 아버지의 형상일까? 물론 아버지에 의해 형성된 이미지겠지만, 그 자체가 아버지와 동일한 것은 아니다. 유사한 상황에서 다른 사람은 다른 방식으로 아버지의 다른 부분과, 또는 아버지와 관련된 대상의 어떤 부분과 동일시를 이룰 것이다. 어떤 동일시도 단순히 누군가를 동일시한 것이라 말할 수는 없다. 내부로 들어오는 순간, 그것은 외부의 대상과 다른 어떤 것이 되어버리기 때문이다. 이렇게 내가 동일시한 대상의 일부를 우리는 기표라 부를 수 있다. 즉 내가 가진 A라는 기표는 아버지의 A라는 모습을 동일시한 결과라고 말할 수 없으며, 그보다는 아버지의 어떤 부분을 대표하는 A라는 기표가 나 자신의 내부에서 어떤 특징을 대표하는 B라는 기표와 연결되는 것이다. 라캉은 프로이트의 동일시의 경우 A=A라는 공식이 적용될 수 없으며 그보다는 A=B라고 하는 것이 적절하다고 말한다. 기표의 게임은 대상들의 관계 속에서 표면적 서사를 넘어 진행된다.

프로이트의 동일시를 수직적 동일시아버지, 리더와 수평적 동일시교우, 형제, 좋은 동일시와 나쁜 동일시, 과소 동일시양심의 부재와 과잉 동일시가학적 초자아, 내적 동일시과거와의 동일시와 외적 동일시현재와의 동일시, 사람 동일시와 사물 동일시 등으로 나눌 수 있다면 라캉에게 가장 중요한 것은 동일시의 구분이라기보다는 동일시의 과정을 매개하는 '대상'이다. 그는 이 대상을 대타자와 소타자로 구분한다. 주체와 대상은 욕망과 요구에 의해 연계되며 바로 이 관계 속에서 동일시가 진행된다.

어렵게 들리지만 사실 이것은 프로이트의 동일시를 대상, 기표를 중심으로 설명하는 방식이다. 욕망의 대상이 없다면 동일시의 과정은 일어나지 않는다. 기표들의 연계는 욕망의 대상이 움직이는 구체적 방식이다. 그 속에서 대상과 주체의 관계가 형성되며 동일시가 일어난다. 원하는 대상이 있어야 동일시의 과정이 시작된다는 뜻이다.

이와 같은 라캉의 설명은 사실 준비운동에 해당하는 이론이다.

이러한 이론에 근거하여 감정적 유대가 형성된다는 것으로서, 굳이 이 이론들을 숙지할 필요는 없다. 왜냐하면 감정적 유대를 형성할 때 이미 우리는 내면에서 욕망의 대상을 찾은 후 그것에 의해 움직이고 있는 상태이기 때문이다. 라캉은 그 내면의 기제를 설명한다. 그리고 이곳에서 세미나를 마친다. 바로 그 이론적 기제에 의해 일어나는 그다음 과정이 감정적 유대이며 『프로이트의 편지』는 이 지점에서 이야기를 시작했다.

중요한 것은 감정적 유대가 욕망의 대상에 대한 갈구에서 시작된다는 라캉의 설명이 아니다. 그보다 더욱 중요한 것은 어떻게 전쟁을 막을 수 있을까를 묻는 프로이트의 고민이다. 그것은 어떻게 우리 아이들이 좋은 동일시를 하고, 어떻게 부모들이 과잉 동일시를 강요하지 않고, 또 어떻게 우리가 우리의 후손들에게 유익한 동일시의 형상이 될 수 있는가에 대한 고민이며, 어떻게 과거의 인물들과 감정적 유대를 맺고 그들을 현재 우리의 삶속에 부활시킬 수 있는가에 대한 고민이기도 하다. 그러한 고민을 지속한다는 것은 우리 마음속에서 벌어지고 있는 에로스와 타나토스의 전투에서 끝내 포기하지 않는다는 뜻이다. 물론 이 과정의 목표는 에로스의 편에 힘을 실어줄 이들과 연대하여 대양적 감성을 획득하는 것이다. 그것이 진정으로 프로이트에게 복귀하는 실천적 방식이다.

주석

1장

1 Sigmund Freud(1933[1932]), "Why War", *The Standard Edition of the Complete Psychological Works of Sigmund Freud*, vol. XXII, London: The Hogarth Press, pp.195~215.

2 프로이트는 1856년 5월 6일 오스트리아-헝가리 제국령의 모라비아 프라이베르크에서 출생하여 망명지인 영국 런던에서 1939년 9월 23일 83세를 일기로 사망한다. 독자가 프로이트의 생애를 가늠할 수 있도록, 책에 실린 편지의 작성일 옆에 프로이트의 나이를 밝혀두었다.

3 S. Freud(1933[1932]), *New Introductory Lectures on Psychoanalysis*, *S.E.* vol. XX, London: The Hogarth Press, pp.57~111.

4 S. Freud(1921), *Group Psychology and the Analysis of the Ego*, *S.E.* vol. XVIII, London: The Hogarth Press, pp.105~110.

5 SBS 《그것이 알고 싶다》, 「연쇄살인자 심리파일 — 사이코패스, 그들은 누구인가」, 2007년 7월 21일 방송 참조. 이 부분에 언급된 정남규 사건 관련 인터뷰 및 정보는 모두 《그것이 알고 싶다》에서 인용된 것이다.

6 고준채(2009), 「연쇄살인에 대한 범죄심리학적 사례연구: 유영철, 정남규, 강호순을 중심으로」, 경기대학교 대학원 범죄심리학과 석사학위 논문, 56쪽 참조.

7 MBC 라이프 《히스토리 후》, 「스스로 인간이길 거부한다: 살인집단, 지존파」, 2011년 3월 8일 제25회 방송 참조.

8 http://news.donga.com/3/all/20091208/24647003/1 참조.

9 http://news.naver.com/main/read.nhn?mode=LSD&mid=sec&sid1=102&oid=038&aid=0002056105 참조.

10 고중렬(1993), 『사형장의 황혼(상)』, 서음출판사.

11 원문에는 "데끽"이라고 표현되어 있으나 이해를 위해 '재깍'이라고 바꾸어 표기했다.

2장

1 good enough mother. 일반적으로 '충분히 좋은 어머니'로 번역되지만 여기서는 의미가 더욱 잘 전달되도록 '적당히 좋은 어머니'로 번역했다.

2 S. Freud(1990), *The Letters of Sigmund Freud to Eduard Silberstein 1871-1881*, W. Boehlich(ed.), A. J. Pomerans(trans.), Cambridge: The Belknap Press of Harvard University Press.

3 S. Freud(1920), "The Psychogenesis of a Case of Homosexuality in a Woman", *S.E.* vol. XVIII, London: The Hogarth Press, pp.145~174. 말 안 듣는 아이에 관련된 내용은 모두 이 논문에서 차용된 것이다.

4 S. Freud(1930[1929]), *Civilization and Its Discontents*, *S.E.* vol. XXI, London: The Hogarth Press, pp.57~145. 같은 단락의 내용은 모두 이 저서에서 차용한 것이다.

프로이트는 *Das Unbehagen in der Kultur*(문화 속의 불쾌)라는 제목 이전에 *Das Unglück in der Kultur*(문화 속의 불행)이라는 제목을 제안했었다. 또한 프로이트는 저서명에 Zivilisation(문명)이 아니라 Kultur(문화)라는 단어를 사용한다. 열린책들에서 출간된 프로이트 선집에는 책의 제목이 『문명 속의 불만』으로 번역되어 있는데 프로이트의 초기 제안을 고려할 때 이는 적절하지 못한 제목이라 할 수 있다. 이 책에서는 『문화 속의 불쾌』로 번역했다.

5 S. Freud(1923), *The Ego and the Id*, *S.E.* vol. XIX, London: The Hogarth Press, pp.1~66.

6 http://www.sisapress.com/journal/article/143934 참조.

7 http://www.sisapress.com/journal/article/135929 참조.

8 MBC 《경찰청 사람들 2015》, 2015년 7월 16일 제10회 방송 참조. 지현우 사례에 대해서는 본 방송의 내용과 인터뷰를 참고했다.

9 SBS 《힐링캠프》, 「닉 부이치치: 팔다리 없는 삶」, 2013년 6월 17일 제97회 방송 참조.

10 닉 부이치치(2013), 『닉 부이치치의 플라잉』, 두란노, 167~168쪽 참조.

11 https://www.youtube.com/watch?v=OOzkpTpHzgw 참조.

3장

1 S. Freud(1960), *Letters of Sigmund Freud*, E. L. Freud(ed.), T. Stern & J. Stern(trans.), New York: Dover Publications, Inc. 참조.

2 같은 책, 27쪽. 1882년 8월 18일 편지.

3 S. Freud(1907[1906]), *Delusions and Dreams in Jensen's* Gradiva, *S.E.* vol. IX, London: The Hogarth Press, pp.1~95.

4 S. Freud(1909[1908]), "Family Romances", *S.E.* vol. IX. London: The Hogarth Press, pp.235~241.

5 SBS 《궁금한 이야기 Y》, 「한남동 아들 여자 친구 살해 사건, 그들에게 32분은 무엇을 의미하나」, 2015년 9월 25일 제281회 방송 참조.

6 SBS 《힐링캠프》, 「션&정혜영 부부 편」 1편, 2014년 12월 15일 제162회 방송, 「션&정혜영 부부 편」 2편, 2014년 12월 22일 제163회 방송 참조.

7 《MBC 다큐스페셜》, 「션·정혜영의 세상을 바꾸는 하나」, 2016년 3월 21일 제700회 방송 참조.

8 http://www.edaily.co.kr/news/NewsRead.edy?SCD=JG11&newsid=03276726612620712&DCD=A00701&OutLnkChk=Y 참조.

4장

1 S. Freud(1985), *The Complete Letters of Sigmund Freud to Wilhelm Fliess 1887~1904*, J. M. Masson(trans.), Cambridge: The Belknap Press of Harvard University Press.

2 S. Freud & C. G. Jung(1974), *The Freud/Jung Letters: The Correspondence between Sigmund Freud and C. G. Jung*, W. McGuire(ed.), R. Manheim & R. F. C. Hull(trans.), Princeton: Princeton University Press.

3 http://aai-ny.org/index.php/background/about-alfred-adler 참조.

4 https://www.youtube.com/watch?v=dhQmnlUfKVY 참조. 영국 텔레비전 프로그램 *Born to Kill*, Season 3, "Richard Ramirez: the Nightstalker" 2012년 2월 20일 방송 참조.

5 A. Carotenuto(1982), *A Secret Symmetry: Sabina Spielrein between Jung and Freud*, A. Pomerans et al.(trans.), New York: Pantheon Books 참조.

5장

1 S. Freud(1970), *The Letters of Sigmund Freud and Arnold Zweig*, E. L. Freud(ed.), E. Robson-Scott & W. Robson-Scott(trans.), Harcourt: A Helen and Kurt Wolff Book.

2 S. Freud(1963), *Psychoanalysis and Faith: The Letters of Sigmund Freud & Oskar Pfister*, H. Meng & E. L. Freud(eds.), E. Mosbacher(trans.), New York: Basic Books.

3 에밀 졸라가 드레퓌스 사건의 실체를 고발하며 한 말이다. "진리는 전진한다. 그리고 어느 무엇도 그 행진을 제지할 수는 없다(La vérité est en marche et rien ne l'arrêtera)."

4 S. Freud(1914), "The Moses of Michelangelo", *S.E.* vol. XIII, London: The Hogarth Press, pp.211~238.

5 S. Freud(1939[1934~1938]), *Moses and Monotheism: Three Essays*, *S.E.* vol. XXIII, London: The Hogarth Press, pp.1~137.

6 아돌프 히틀러(1989[1925]), 『나의 투쟁(상)』, 서석연 옮김, 범우사; 아돌프 히틀러(1989[1927]), 『나의 투쟁(하)』, 서석연 옮김, 범우사.

7 안중근(2014), 『안중근 의사 자서전』, 종합출판 범우.

8 김구(2002), 『백범일지』, 돌베개.

9 같은 책, 63쪽.

부록

1 라캉의 동일시 세미나에 대한 더욱 자세한 논의는 강응섭(1999), 『동일시와 노예의지: 프로이트와 라깡의 동일시 이론과 에라스무스와 루터의 논쟁』, 백의; 강응섭(2015), 『자크 라캉의 세미나 읽기: 파리 생탄병원에서 행한 세미나들』, 세창미디어; 김서영(2016), 「감정적 유대를 구축하는 문화의 형성을 위하여: 프로이트의 동일시 이론을 중심으로」, 『젠더와 문화』, 제9권, 2호, 115~146쪽 참조.

찾아보기

|

개념

251

인명

프로이트의 편지

저서, 논문 및 기타 작품

대우휴먼사이언스 014

프로이트의 편지
새로운 삶을 위한 동일시 이야기

1판 1쇄 펴냄 | 2017년 1월 16일
1판 3쇄 펴냄 | 2018년 12월 31일

지은이 | 김서영
펴낸이 | 김정호
펴낸곳 | 아카넷

출판등록 | 2000년 1월 24일(제406-2000-000012호)
주소 | 10881 경기도 파주시 회동길 445-3
전화 | 031-955-9511(편집) · 031-955-9514(주문) 팩시밀리 | 031-955-9519
책임편집 | 박수용
디자인 | 이대웅
www.acanet.co.kr | www.phildam.net

Printed in Seoul, Korea.

ISBN 978-89-5733-537-6 03180

이 도서의 국립중앙도서관 출판예정도서목록(CIP)은 서지정보유통지원시스템 홈페이지(http://seoji.nl.go.kr)와
국가자료공동목록시스템(http://www.nl.go.kr/kolisnet)에서 이용하실 수 있습니다. (CIP제어번호: CIP2017000340)

이 제작물은 아모레퍼시픽의 아리따글꼴을 사용하여 디자인 되었습니다.